Martha Keating / Roland Schacht

EDV für Einsteiger

Martha Keating / Roland Schacht

EDV für Einsteiger

Illustriert von **Oliver Dietrich**

Wir danken der Firma IBM Deutschland für die Bereitstellung des gekennzeichneten Bildmaterials.

4052 Korschenbroich 3, West Germany
4. überarbeitete Auflage

ISBN 3 - 89428 - 900 - 7

Gesamtherstellung: Neusser Druckerei und Verlag GmbH, 4040 Neuss 1

VORWORT

Das Ihnen vorliegende Werk ist ein Lern- und Arbeitsbuch, das in einen theoretischen und einen praktischen Teil gegliedert ist. Der theoretische Teil soll Sie mit notwendigen Grundinformationen versorgen, der praktische Teil soll Sie in die tägliche Arbeit mit dem PC einweisen.

Wir haben uns entschlossen, mit der theoretischen Einführung zu beginnen, um Ihnen zunächst einen allgemeinen Einblick in die elektronische Datenverarbeitung zu ermöglichen. Das soll allerdings nicht bedeuten, daß Sie den gesamten theoretischen Teil durcharbeiten müssen, bevor Sie sich zum ersten Mal vor einen Computer setzen — im Gegenteil: Beginnen Sie möglichst schnell mit der praktischen Arbeit. Nur so werden Sie den Umgang mit dem freundlichen und geduldigen Helfer Computer erlernen.

Der Praxisteil ist so aufgebaut, daß Sie von der ersten Seite der Einführung in das Betriebssystem MS-DOS an alle Erklärungen direkt am Computer nachvollziehen können. In einem zusätzlichen Übungsteil können Sie Ihre Erkenntnisse dann jeweils zur Anwendung bringen. Lernkontrollfragen schließen jedes Kapitel ab.

Wir haben uns bemüht, den neuesten Stand der Computerentwicklung umfassend, wenn auch notwendigerweise knapp, darzustellen. Unser Ziel ist es, Ihnen einen leichten Start zu ermöglichen. Trotzdem wollen wir Sie auch ein wenig fordern, denn nur wenn Sie selbst das Gefühl verspüren, etwas gelernt zu haben, werden Sie mit Spaß bei der Sache bleiben. Dies wünscht Ihnen das Autorenteam

Martha Keating

Roland Schacht

Inhaltsverzeichnis

GESCHICHTE DER EDV

Lernziele:

In diesem Kapitel lernen Sie,

- **warum ein Computer Computer heißt,**
- **welche Rechenhilfsmittel der Mensch als erste erfand,**
- **welche Rolle Logarithmen bei der Entwicklung zum Computer spielten,**
- **was Schickard, Pascal, Leibniz und Babbage zur Entwicklung der heutigen EDV beitrugen,**
- **welche Bedeutung Holleriths Tabelliermaschine zukommt,**
- **welche Computergenerationen im 20. Jahrhundert zu unterscheiden sind und wodurch sich die einzelnen Entwicklungsschritte auszeichnen und**
- **wie der Weg zu den heute gebräuchlichen Personal Computern seit Ende der 70er Jahre begangen wurde.**

Auf dem Weg durch die EDV-Geschichte

Das englische Wort „computer" hat seinen Ursprung im lateinischen Wort „(com)putare" (berechnen) und bedeutet: „Einer, der rechnet". Oder auch: „Eine automatische elektronische Maschine, die mathematische Operationen ausführt."

Die meisten von uns haben ein ganz anderes Verständnis vom Computer. Jedes Schulkind weiß, daß Computer auch faszinierende Spiele anbieten können. Sekretärinnnen benutzen Computer täglich, um Briefe fast mühelos zu erstellen und zu gestalten. Mondraketen werden durch Computer gesteuert. Architekten und Designer zeichnen mit Hilfe eines Computers. In der Tat sind die Anwendungsmöglichkeiten von Computern fast unendlich.

Die englische Definition von Computer („ein Rechner") spiegelt seine Geschichte wider. Seit seinen Anfängen hat der Mensch immer wieder Rechenhilfen gesucht, die ihm die lästige Arbeit, die mit Zahlen und Rechnen verbunden war, abzunehmen.

Rechenhilfen hatten zwei Hauptaufgaben: Menschen den komplizierten Umgang mit abstrakten Zahlen zu erleichtern und menschliche Fehler auszuschließen.

Die allerersten Rechenhilfsmittel waren Finger und Zehen. Um Gegenstände zu zählen, zu merken und zu vergleichen haben die ersten Menschen abstrakte Mengen mit ihren Fingern und Zehen festgehalten und „konkretisiert". Dieser Prozess führte zum Begriff der Zahl, losgelöst von den stellvertretenden Extremitäten, und zu den Zahlzeichen. Verschiedene Zahlensysteme wurden „erfunden": das Fünfersystem (fünf Finger, heute noch zu beobachten in Strichzählungen), das Zehnersystem (zehn Finger) oder auch das Zwanzigersystem (beide Hände, beide Füße).

Ein weiteres Rechenhilfsmittel bei vielen früheren Völkern waren Zählsteine oder Zählstäbchen. Diese ermöglichten den leichten Umgang mit höheren Zahlen als 20 und man konnte die Steine oder Stäbchen überall mitnehmen, um an Ort und Stelle mathematische Berechnungen durchzuführen.

Es folgten die ersten mechanischen Apparate. Zählsteine wurden mit Schnüren oder Drähten festgebunden.

Eine Weiterentwicklung eines solchen Apparats stellt der Abakus dar (phönizisch „abak“, ein flaches, mit Sand bedecktes Rechenbrett), das erste Rechengerät mit festen Dezimalstellen.

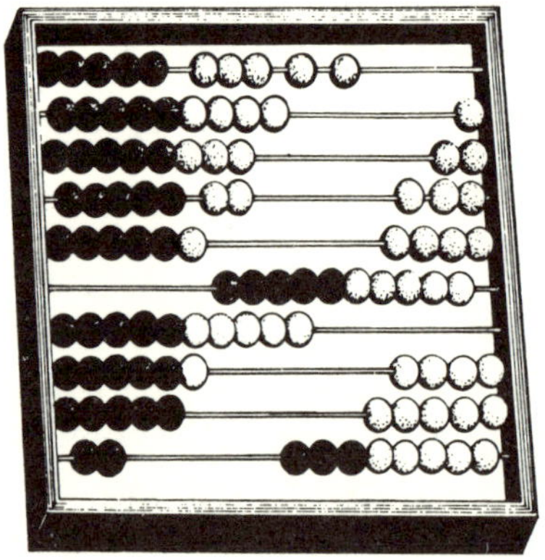

Abb. 1: Der Abakus

600 v.C.

In seinen vielen Erscheinungsformen hat der Abakus die kultivierte Welt erobert. Ab etwa 600 v.C. taucht er in China auf, ab 500 v.C. in den Mittelmeer-Ländern (Ägypten, Babylonien, Griechenland). Noch heute wird diese erste Rechenmaschine von vielen, vielen Menschen (z.B. in Rußland, China und Japan) als Rechenhilfe benutzt.

ca. 1500

Eine Art Abakus — der Linien-Abakus oder Rechentisch — tauchte während des Mittelalters in Europa auf und wurde hier bis zum 18. Jahrhundert weiter benutzt.

ca. 1600

Eine wichtige Entdeckung wurde vom Schotten John Napier um 1600 gemacht. Als er zwei Reihen von

Zahlen verglich (s. Abb. 2), merkte er etwas erstaunliches — um zwei Zahlen in der unteren Reihe zu multiplizieren, z.B. 2 und 64, mußte man nur die zwei darüberstehenden Zahlen — die 1 und 6 — addieren. Das Produkt der beiden unteren Zahlen (das Ergebnis von 2 mal 64) konnte man an der Stelle in der unteren Zeile ablesen, die unter der Summe der oberen Zahlen stand, also unter der 7 in der oberen Reihe (128 liegt unter der 7).

So benutzte man also die Addition, um zu multiplizieren. Analog konnte man die Subtraktion benutzen, um zu dividieren: 256 dividiert durch 64 = 4. Das Ergebnis der Division befindet sich unter dem Ergebnis der subtrahierten Zahlen in der oberen Reihe: 8 - 6 = 2. Napier nannte die Zahlen in der oberen Reihe Logarithmen.

1	2	3	4	5	6	7	8	9
2	4	8	16	32	64	128	256	512
	*				*	*		

Abb. 2: Logarithmen-Tabelle

Die logarithmische Idee wurde weiterentwickelt, so daß man jedes beliebige Produkt in Tabellen, die zu diesem Zweck produziert wurden, nachschlagen konnte. Da die Addition für Menschen immer einfacher ist als die Multiplikation, fand diese Entdeckung rasch ein breites Publikum.

Napier kopierte einige seiner Tabellen auf Elfenbeinstäbchen, die er bei Bedarf nebeneinander legen konnte. Die Stäbchen wurden „Napiers Knochen" genannt. Dieses neue Verfahren war der Vorgänger des Rechenschiebers (das erste Exemplar erschien gegen 1650), mit dem bis vor einer Generation die Ingenieure gerechnet haben und der auch heute immer noch benutzt wird.

Durch die Erfindung von Logarithmen, logarithmischen Tabellen und des Rechenschiebers wurde zwar die mathematische Arbeit erleichtert, aber menschliche Fehler waren leider nicht auszuschliessen. Auch wenn die Berechnungen, die den Tabellen zugrunde lagen, richtig waren, waren die per Hand kopierten sowie die mechanisch gedruckten Tabellen mit Druckfehlern behaftet. Der Rechenschieber war in diesem Sinne (Fehlerreduktion) von großer Bedeutung, aber auch wenn man „richtig geschoben" hatte, galt die Genauigkeit der Ergebnisse nur bis auf 3 Nachkommastellen.

Obwohl Abakus und Rechenschieber beide Rechenhilfsmittel sind, hat das zugrundeliegende Rechenprinzip einen entscheidenden Unterschied. Der Rechenschieber zählt in Wirklichkeit nichts. Stattdessen mißt er eine physikalische Eigenschaft, die einer Zahl analog ist. Der Rechenschieber gilt deshalb als Beispiel für einen Analogrechner, der das Ergebnis einer Berechnung als eine Skalenstelle darstellt, anstatt das Ergebnis in Ziffern auszugeben. Der Abakus dagegen zählt diskrete Einheiten („digits") und gilt deshalb als Beispiel für einen Digitalrechner. Diese Unterscheidung — digital oder analog — wird eine große Rolle in der späteren Entwicklung der Computer spielen.

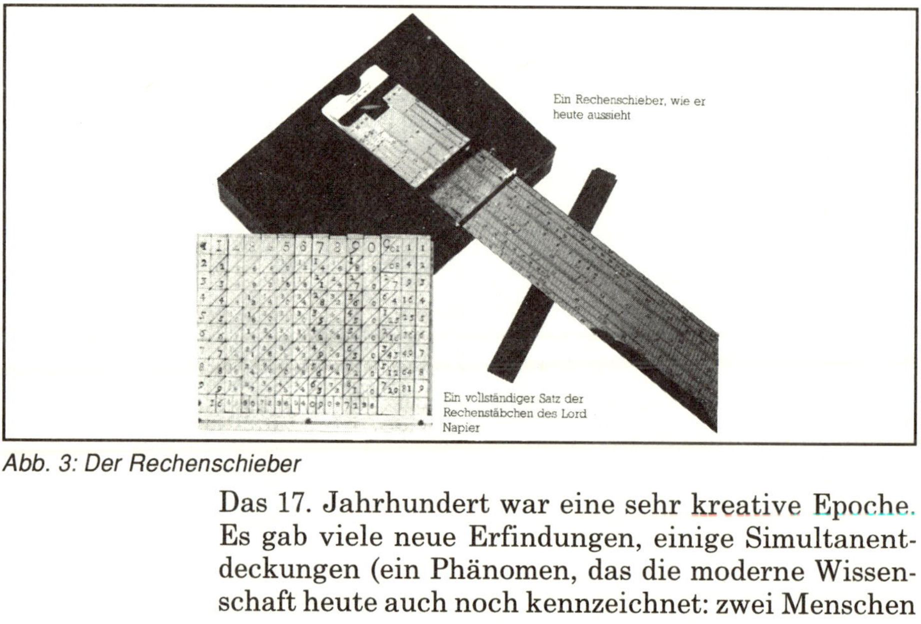

Abb. 3: Der Rechenschieber

Das 17. Jahrhundert war eine sehr kreative Epoche. Es gab viele neue Erfindungen, einige Simultanentdeckungen (ein Phänomen, das die moderne Wissenschaft heute auch noch kennzeichnet: zwei Menschen in verschiedenen Orten entdecken fast zum gleichen Zeitpunkt dasselbe Prinzip oder machen eine ähnliche Erfindung).

Auch die Logarithmen-Tafeln waren übrigens eine Parallelentdeckung. Um 1588 entwickelte der Schweizer Uhrmacher Jost Bürgi das Rechnen mit Logarithmen, um seinem Freund Johannes Kepler, den berühmten Astronom, bei seinen **astronomischen** (im wörtlichen und im metaphorischen Sinne) Berechnungen zu helfen.

Wilhelm Schickard, Professor für Mathematik, Astro- *1623*
nomie und biblische Sprachen an der Universität Tübingen, war ein guter Bekannter von John Napier, der ihm über die Erfindung des Rechenschiebers berichtete. Schickard war von dieser Erfindung so begeistert, daß er sich entschloß, eine Rechenmaschine zu bauen, um einem anderen Bekannten mit seiner Arbeit zu helfen — wiederum Johannes Kepler. „Napiers Knochen" waren Bestandteile dieser ersten mechanischen Rechenmaschine, die im Jahr 1623 von Schickard gebaut wurde. Die Maschine, die Schikkard „Rechenuhr" nannte, bestand aus einem Zahnradgetriebe und übertrug das Prinzip, das Napier mit seinen Rechenstäbchen realisiert hatte, auf drehbar angeordnete Zylinder. Diese Maschine war in der Lage, die vier Grundrechenarten (Addition, Subtraktion, Multiplikation und Division) auszuführen. Leider ging diese Maschine durch den Dreißigjährigen Krieg verloren — Kepler hat nie von der Erfindung seines Freundes profitieren können.

Unabhängig von Schickard konzipierte und baute *1642*
als 19jähriger der Franzose Blaise Pascal, später berühmt als Philosoph und Mathematiker, ebenfalls eine Rechenmaschine, um seinem Vater (ein Steuerbeamter) bei seinen Berechnungen zu helfen. Auf der Basis der Addition konnte Pascals Maschine ebenfalls die vier Grundrechenarten durchführen. Subtraktion erfolgte durch das Addieren von Zahlenkomplementen, Multiplikation durch wiederholte Ad-

dition und Division durch wiederholte Subtraktion. Diese Methode wird übrigens heute noch in den modernsten Computern angewandt.

Sein Apparat bestand aus mehreren Rädern, die jeweils die Zahlen 0 bis 9 trugen (ähnlich einer Telefonwählscheibe). Man wählte also die Zahlen ein, die man addieren wollte. Wenn eines der Räder von 9 auf 0 umsprang, wurde durch einen kleinen Haken das nächste Rad um eine Stelle weitergerückt — der Übertrag erfolgte also vollautomatisch und eine der häufigsten menschlichen Fehlerquellen — das Merken und Behalten des Übertrags — wurde beseitigt.

1674 Gottfried Wilhelm Leibniz, deutscher Philosoph, Naturwissenschaftler, Sprachforscher, Metaphysiker und Mathematiker (bekannt für seine Entdeckung der Integral- und Differentialrechnung, parallel zum Engländer Sir Isaac Newton), hat der Computergeschichte zwei wichtige Beiträge vermacht. Bei einem Besuch in Paris lernte er die Pascalsche Rechenmaschine kennen und er beschäftigte sich zwischen 1671 und 1674 mit dem Bau seiner eigenen Rechenmaschine. Im Gegensatz zu der Pascalschen Maschine, die praktisch nur addieren konnte, war Leibniz' Maschine ein mechanischer Multiplizierer.

Von Leibniz stammte auch der Grundgedanke des dualen Zahlensystems. Dieses System, das auf lediglich zwei Ziffern (0 und 1) basiert, werden wir in einem späteren Kapitel näher betrachten. Leibniz' Erfindung bildet noch heute die Basis modernster Datenverarbeitung. Eigentlich sollte dieses System eher der Logik oder Philosophie dienlich sein und nicht der Mathematik. Leibniz war auf der Suche nach einer Sprache, in der man sich unmißverständlich ausdrükken konnte. In dieser Sprache sollte es nur „richtig" oder „falsch" , „ja" oder „nein", „alles" oder „nichts" geben. Diese Idee wurde später (um 1850) von George Boole in seinem Buch „The Mathematical Analysis of Logic" aufgenommen und weiterentwickelt.

ca. 1812 Charles Babbage, englischer Ingenieur, Mathematiker und Erfinder, konzipierte eine Maschine, die bestimmte Arten von mathematischen Gleichungen automatisch lösen sollte. Diese Maschine nannte er die „Difference Engine“, denn sie sollte mit Hilfe der Subtraktion diese Gleichungen lösen.

Zu dieser Zeit waren viele Berufe — Buchhalter, Ingenieure, Wissenschaftler, Mathematiker — auf lange Zahlentabellen angewiesen. Dies waren Multiplikationstabellen, Logarithmentabellen, Tabellen der trigonometrischen Funktionen (wie Sinus und Cosinus), Luftdichte- und Schweretabellen, um nur einige zu nennen. Diese Tabellen wurden alle per Hand berechnet (Leute, die diese den Tabellen zugrundeliegenden Berechnungen durchführten, hießen „Computer“). Die Berechnungen waren, trotz aller Sorgfalt, überfüllt mit menschlichen Fehlern. Auch wenn der menschliche Computer eine Spalte seiner Tabelle vollständig richtig kalkuliert hatte, tauchten immer wieder Fehler beim späteren handschriftlichen Kopieren und Drucken dieser Tabellen auf. Keine solche Tabelle war zuverlässig. Babbage hatte jedoch den Traum, alle Zahlentabellen automatisch per Maschine zu erstellen, um menschliche Fehlerquellen zu eliminieren.

Die wissenschaftliche Gesellschaft (die „Royal Society“ und die „Royal Astronomical Society“) war von Babbages Idee begeistert und hat ihn finanziell unterstützt. Leider wurde seine Difference Engine damals nicht gebaut. Trotz der Investition seines ganzen Eigenvermögens, des Erbes seines Vaters, finanzieller Zuschüsse von der Royal Society und der Regierung sowie von seinen Freunden reichte sein Geld nicht aus, um diese Maschine zu bauen.

Erst nach seinem Tode wurde eine funktionierende Version dieser Maschine (gebaut in Schweden nach Babbages Plänen) in England vorgeführt.

Seine treue Assistentin über diese langen Jahre war Ada Lovelace, die mathematisch begabte Tochter des englischen Dichters, Lord Byron. Vermutlich war Ada Lovelace die erste Programmiererin, denn sie entwarf Programmpläne, entwickelte auf der Grundlage der Arbeitsweise des mechanischen Webstuhls die Idee, Rechenabläufe in Karten einzustanzen und in einer bestimmten Reihenfolge ablaufen zu lassen (s. Lochkarten!).

Babbages Stelle in der Geschichte des Computers ist hingegen durch eine zweite Idee gesichert: Eine zweite Maschine, die ebenfalls von ihm konzipiert, aber nie realisiert wurde, die „Analytical Engine". Diese war in allen Einzelheiten der Vorgänger des modernen Computers. Sie sollte eine Steuereinheit, eine arithmetische Recheneinheit und einen Zahlenspeicher für 1000 Zahlen zu je 50 Dezimalstellen enthalten (größer als die Speicher der meisten Mikrocomputer um 1980). Ein weiterer Teil sollte die Zahlen zwischen den Speicher- und Rechenteilen hin und her transportieren. Geräte für die Ein- und Ausgabe von Daten waren ebenfalls vorgesehen. Gelochte Karten sollten die Maschine mit Befehlen und Daten füttern. „Programme" auf Lochkarten ermöglichten die Lösung von vielen unterschiedlichen Aufgaben (nicht nur einer speziellen Aufgabe). Bedingte Programmverzweigungen und Sprungbefehle wurden auch berücksichtigt. Der Rechner, der aus mechanischen Hebeln, Gewichtswerken und Rädern bestand, sollte mit Dampf betrieben werden.

Die „Analytical Engine" wurde nie gebaut. Die Ironie der Geschichte spiegelt sich in der Tatsache, daß auch diese Maschine von Babbage gut funktioniert hätte, wenn ihm mehr Geld, präzisere Bauteile und Elektrizität zur Verfügung gestanden hätten. Der arme Babbage war nur etwa 200 Jahre seiner Zeit voraus.

Allerdings waren Babbages Pläne und Beschreibungen so detailliert und umfassend, daß das U.S. Patentamt hundert Jahre später Patentansprüche von Konrad Zuse (s. unten) zurückwies. (Es gibt allerdings keinen Hinweis dafür, daß Zuse von Babbages Maschine wußte. Es ist einfach wieder ein Fall der wissenschaftlichen Parallelentdeckungen — diesmal mit deutlicher Zeitverschiebung.)

Auch innerhalb von Volkszählungen war man mehr 1890
und mehr auf schnelle Berechnungen angewiesen. Mit jeder neuen Volkszählung wurden immer mehr Informationen erhoben. So dauerte die erste amerikanische Volkszählung in 1790 ungefähr ein Jahr und mußte per Hand ausgewertet werden. Siebzig Jahre später mußten bereits 31.440.000 Amerikaner gezählt werden und zusätzlich 100 Fragen beantworten. Jede folgende Befragung dauerte länger, Statistiken

wurden immer komplizierter und immer mehr Zähler mußten beauftragt werden, die Volkszählung durchzuführen und auszuwerten. So waren die Helfer bei der 11. Volkszählung (1880) sieben Jahre später noch mit der Auswertung der Fragebogen beschäftigt.

Nach diesen Erfahrungen startete die Regierung einen Wettbewerb, um eine schnellere, effizientere Durchführung und Auswertung der 12. Volkszählung zu gewährleisten. Der Gewinner war der Bergbauingenieur Hermann Hollerith. Er erfand eine elektrische Zählmaschine — er nannte diese eine Tabelliermaschine —, die gelochte Karten nach einem festen Code (dem „Hollerith-Code“) sortierte, automatisch zählte und das Ergebnis anschließend ausdruckte. Aus der von Hollerith gegründeten Firma, die Tabulating Machine Company, wuchs später die International Business Machine Company (besser bekannt als IBM). Wenige Jahre später begann dann das Zeitalter der EDV.

Computer der 0. Generation: Elektromechanische (Relais-) Rechner

Rechengeschwindigkeit:
100 Millisekunden (= 1 mal 10^{-1} Sek)
= 10 Operationen pro Sekunde

1939 — 1944

Kriegsgedanken beschleunigten die Weiterentwicklung des Computers. Hauptaufgabe der elektromechanischen Rechner, die zu dieser Zeit entwickelt wurden, war die automatische Berechnung von ballistischen Bahnen. Bis dahin mußten diese mit Hilfe von gedruckten Tabellen kalkuliert werden. Diese waren für jede Art von Gewehr und Munition unterschiedlich und mußten für unterschiedliche Bodenarten (z.B. trocken und hart gegenüber sumpfig und weich) jeweils vollkommen neu erstellt werden.

Auch in dieser Zeit wurden parallele Entdeckungen gemacht. Der deutsche Ingenieur Konrad Zuse entwickelte 1941 das erste elektromechanisch gesteuerte Rechengerät (die Z3 - es gab frühere Prototypen), das als der erste betriebsfähige, programmgesteuerte Rechner bekannt wurde. In vielerlei Hinsicht war dieses Gerät dem von Babbage geplanten Gerät sehr ähnlich. Gegenüber diesen Plänen arbeitete der Z3 jedoch bereits mit Dualzahlen. Neben den Grundrechenarten konnte die Z3 auch Wurzelziehen und die logischen Operatoren UND, ODER, und NICHT verarbeiten. Der riesige Apparat bestand aus 600 Relais für ein Rechenwerk und 1400 Relais für das Speicherwerk. Das Programm für die Z3 wurde auf einem Papierlochstreifen gelocht. Die Z4, die 1944 fertig gestellt wurde, war leistungsfähiger als die Z3 und benutzte einen alten Kinofilmstreifen als Eingabemedium.

Während Zuse seinen Rechner baute, entwickelte der Mathematiker Howard H. Aiken in den USA mit Unterstützung von IBM an der Harvard Universität ebenfalls einen elektromechanischen Rechner, den „Harvard Mark I“, der am 7. August 1944 in Betrieb genommen wurde. Der Rechner benutzte Papier-Lochstreifen für die Eingabe von Anweisungen und Lochkarten für die Eingabe von Daten. Die Ausgabe erfolgte entweder durch Lochkarte oder durch Teleprinter. Der Rechner war nicht besonders elegant, denn er bestand aus 750.000 Einzelteilen, war über 15 Meter lang und etwa 2,5 Meter hoch. Zur Multiplikation oder Division von zwei 10-stelligen Zahlen benötigte der Mark I rund sechs Sekunden. Die Hauptaufgabe für diesen Rechner war, wie bei der Z3, die exakte Berechnung ballistischer Bahnen.

1943 wurde dann auch in England eine elektronische Rechenmaschine gebaut - COLOSSUS I. COLOSSUS I hatte nur eine einzige Aufgabe: Dekodieren des geheimen deutschen Armee-Codes, eine Aufgabe, die kurze Zeit später erfüllt wurde. Der Computer, der u.a. aus 1.800 Elektronenröhren bestand, bearbeitete Informationen auf Papierstreifen bei einer Geschwindigkeit von 5.000 Zeichen pro Sekunde. COLOSSUS I hatte allerdings keinen internen Speicher und konnte für keine andere Aufgabe eingesetzt werden.

Abb. 4: Der Mark I *Quelle: IBM Deutschland GmbH*

Computer der 1. Generation: Elektronenröhren

Rechengeschwindigkeit:
1 Millisekunde (= 1 mal 10^{-3} Sek)
= 1000 Operationen pro Sekunde

1946

John Presper Eckert und John Mauchley bauten mit Unterstützung der U.S. Armee 1946 an der Moore School of Engineering in Pennsylvania den ersten elektronischen Computer — ein Gerät, das teilweise Relais durch Elektronenröhren ersetzte, was zu der schnelleren Bearbeitung von Daten führte. Der Rechner wurde ENIAC (Electronic Numerical Integrator and Computer) genannt. Auch seine einzige Aufgabe war die Berechnung von ballistischen Flugbahnen. Allerdings wurde ENIAC so geplant, daß er auch nach dem Krieg für andere Zwecke eingesetzt werden konnte. Änderungen der Programmierung benötigte jedoch Tage, denn dies machte erneutes Verdrahten und Löten erforderlich. ENIAC enthielt mehr als 17.000 Vakuumröhren, 1.500 Relais und 6.000 Schalter. Er verbrauchte 174 Kilowatt pro Stunde.

Der Einsatz von Röhren machte das Rechnen zwar schneller — Multiplikation brauchte 2,8 Millisekunden, Division 24 Millisekunden und Addition nur 0,2 Millisekunden —, aber Elektronenröhren hatten auch entscheidende Nachteile. Aufgrund der Wärmeentwicklung mußte man mit einer Ausfallzeit von 50% rechnen.

Auch der Platzbedarf des Rechners war gigantisch — 30,5 m lang, 3 m hoch, 1 Meter tief und 30 Tonnen schwer. Wie bei der Z3 und dem Mark I erfolgte die Dateneingabe über ein Lochkartensystem.

1948 sah schließlich die Entdeckung des Transistors in den Bell Telephone Laboratories. Transistoren sind gegenüber den Elektronenröhren weniger störanfällig und haben auch eine längere Lebensdauer.

Durch Transistoren wurden Computer **schneller, billiger und kleiner**.

1951 wird der erste kommerzielle Computer vorgestellt, der UNIVAC I. Er basierte noch auf der Elektronenröhre. *1951*

1954 entstand FORTRAN, die erste problemorientierte Programmiersprache. *1954*

Computer der 2. Generation: Transistorenrechner

Rechengeschwindigkeit:
100 Mikrosekunden (= 1 mal 10^{-4} Sek)
= 10.000 Operationen pro Sekunde

Die Bell Telephone Laboratories entwickelten 1955 den ersten Transistorrechner der Welt, der den Namen TRADIC erhält. *1955*

1957 ist die Firma Siemens in der Lage, seinen 2002-Rechner serienmäßig zu produzieren. *1957*

Ende der fünfziger Jahren boten bereits verschiedene Hersteller Computer der zweiten Generation an. Die Preise sanken so, daß jeder große Betrieb sich einen eigenen Computer leisten konnte. Primär war die Lochkarte als Datenträger eingesetzt, gefolgt vom Magnetband. Aber auch die ersten Magnetplattenspeicher wurden schon an einigen Orten eingesetzt.

Zusammen mit der Erfindung des Transistors brachte die Halbleitertechnik einen enormen Fortschritt bei der Herstellung von elektronischen Bauelementen, sowohl in der Radio- und Fernsehtechnik („Transistor-Radios“) als auch im Bau von Computern. Transistoren wurden auf Plastikscheiben zu Schaltkreisen zusammengesetzt und mit gedruckten Kupferleitungen auf der Rückseite verlötet.

Die IBM-Serie 1401 (Anfang der 60er Jahre) benutzte diese Bautechnik.

Die folgende Abbildung zeigt die unterschiedlichen Größen von Röhren, Transistoren der 50er Jahre und moderne Transistoren, die ungefähr so groß wie Salzkörner sind.

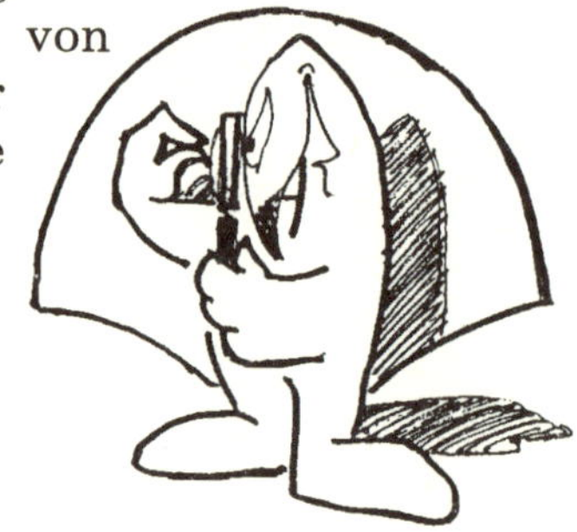

Abb. 5: Größenvergleich - Röhre, Transistoren *Quelle: IBM Deutschland GmbH*

Computer der 3. Generation - Computer mit integrierten Schaltkreisen

Rechengeschwindigkeit:
1 Mikrosekunde (= 1 mal 10^{-6} Sek)
= 1.000.000 Operationen pro Sekunde

1958/59 entdeckte Jack Kilby die Silizium-Planartechnik.

Mitte der sechziger Jahre begann man, die Bauelemente auf Keramikträgern zu „integrieren" (zusammen als kleine „Module"). *1964*

Um 1964 wurden Bildschirmgeräte als Dialogmittel zwischen Mensch und Maschine erstmals eingesetzt.

Im Jahr 1965 wurde mit der Erfindung des Chips die dritte Computergeneration geboren. Ein Chip (der bis zu 20 Transistoren ersetzen konnte) ist eine sehr kleine Platte aus Silizium, auf der eine große Menge von Transistoren, Dioden, Widerständen und anderen Bauteilen aufgebaut sind. Ein Beispiel für Computer dieser Generation war das IBM-Computer-System 360.

Computer werden immer preiswerter und die Datenverarbeitung wird allgemein verbreitet, so daß auch mittlere Unternehmen EDV-Anlagen wirtschaftlich einsetzen können.

Computer der 4. Generation: Computer mit hochintegrierten Schaltkreisen (Mikrochips)

Rechengeschwindigkeit:
100 Nanosekunden (= 1 mal 10^{-7} Sek)
= 10.000.000 Operationen pro Sekunde

Im November 1971 wurde der erste Mikroprozessor 4004 (ein 4-Bit-Mikroprozessor) durch Intel (zu dieser Zeit noch eine kleine Firma in Silicon Valley) entwickelt. Hunderte von integrierten Schaltkreisen (ICs) konnten nun auf einem Chip untergebracht werden. Neben den Chips für Prozessoren wurden Chips für Speicher entwickelt. Mit dem Einbau des ersten Mikroprozessors in einen Computer begann die vierte Generation.

Über drei Jahre später erschien der erste 8-Bit Mikroprozessor, der Intel 8080. CP/M von Digital Research wurde als Betriebssystem für den Intel 8080 entwickelt und gilt bis heute als Standardbetriebssystem für 8-Bit Computer.

1976 Ab 1976 begannen viele Halbleiterhersteller ihre eigenen Mikrochips zu erstellen und es folgte ein erbitterter Kampf um Marktanteile. Motorola kam mit dem 6800, MOS-Technology mit dem 6502 und Zilog mit dem Z80. Heute werden noch der 6502 und der Z80 sehr häufig bei Home-Computern und Industriesteuerungen eingesetzt.

Die Massenproduktion von Computern führte zu weiteren Preissenkungen, so daß sie auch im privaten Bereich eingesetzt werden konnten.

1976 stellte Apple den ersten Personal Computer vor. Er hatte einen 6502 Mikroprozessor. Kurz danach folgte Commodore mit dem PET-Computer. Alle hatten einen Kassettenrekorder als Datenspeicher. Die Geschichte der Personal Computer hatte begonnen.

1978 Der 8086-Prozessor von Intel, ein 16-Bit Prozessor, erscheint auf dem Markt.

1979 Immer mehr Miniaturisierung führte 1979 zu höchstintegrierten Schaltkreisen.

1981 Der IBM-PC wurde vorgestellt, zusammen mit dem neuen Betriebssystem MS-DOS. 1982 erreichen die ersten IBM-PC-kompatiblen Geräte den deutschen Markt.

1983 Tragbare Computer wie der Olivetti M10 werden vorgestellt.

1984 IBM setzt einen neuen Standard mit dem AT („Advanced Technology“), der mit dem Intel 80286 Prozessor ausgestattet ist.

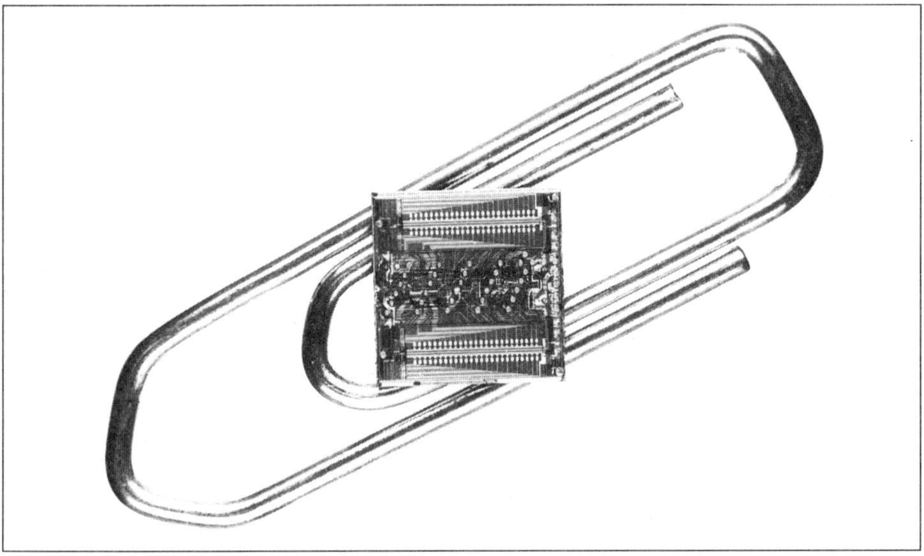

Abb. 6: Ein Chip   Quelle: IBM Deutschland GmbH

32-Bit Personal Computer werden vorgestellt, die den Intel Prozessor 80386 benutzen. *1986*

Die ersten PCs mit dem neuen 80486 Prozessor der Firma Intel werden vorgestellt. Allein auf der Grundlage der heutigen Betriebssysteme, die diesen Prozessor nur in seiner Geschwindigkeit nutzen können, ergibt sich eine Verdopplung bis Verdreifachung der Arbeitsgeschwindigkeit zum 80386. *1989*

Lernkontrollfragen

1.

Welche zwei Hauptaufgaben erfüllen Rechenhilfen (auch Computer)?

✍ ______________________________

✍ ______________________________

2.

Mit welchem Zahlensystem sind wir am besten vertraut?

✍ ______________________________

3.

Was war das erste mechanische Rechenhilfsmittel?

✍ ______________________________

4.

Erklären Sie den Unterschied zwischen einem **analogen** und einem **digitalen** Rechner.

✍ ______________________________

✍ ______________________________

✍ ______________________________

Wofür hat Leibniz einen Platz in der EDV-Geschichte verdient?

5.

✍ ________________________________

Welche Eigenschaften kennzeichnen Computer der —

6.

0. Generation?

1. Generation?

2. Generation?

3. Generation?

4. Generation?

Zusammenfassend könnte man sagen, daß Computer über die letztcn 40 Jahre

7.

✍ ________________________________ ,

✍ ________________________________

und

✍ ________________________________

geworden sind.

8.

Welches Jahr sah die Geburt des ersten Personal Computers?

✍ ______________________________

9.

Wann erschien der erste AT-Computer, und mit welchem Prozessor ist er ausgestattet?

✍ ______________________________

✍ ______________________________

DATEN

LERNZIELE:

In diesem Kapitel lernen Sie

- **was für den Computer Daten sind,**
- **welche Datenarten und Datentypen unterschieden werden können,**
- **wie im Computer intern Daten verwaltet und wie sie dargestellt werden,**
- **welche Rolle dabei Zahlensysteme wie das Dualsystem und das Hexadezimalsystem spielen,**
- **welche Codes es gibt und was für Aufgaben sie erfüllen und**
- **die Begriffe Bit, Byte, Datum, Datenfeld, Datensatz, Datei und Datenbank kennen.**

Kommen Sie mit - in die Welt der Daten!

ZUM BEGRIFF

Im vorherigen Abschnitt ist Ihnen beim Ausflug in die Geschichte die „Elektronik“ innerhalb der EDV, der „elektronischen Datenverarbeitung“ sicherlich ein wenig vertrauter geworden.

Datenverarbeitung baut auf der Kenntnis dessen auf, was Daten sind, wie Daten verarbeitet und gespeichert werden.

Im Alltagsleben haben wir ständig mit Daten zu tun — wir merken uns Geburtstage, Besprechungen und Verabredungen. Dies sind nichts anderes als zeitliche Festlegungen (Uhrzeit und Datum).

Im weiteren Sinne sind allerdings Daten auch allgemeine Informationen über eine Person oder eine Sache, die in bestimmten Zusammenhängen wichtig werden.

In der Lagerverwaltung müssen Zu- und Abgänge eines Produkts festgehalten werden, der tatsächliche Lagerbestand ermittelt und Bestellmengen oder auch Fehlmengen berechnet werden. Hier ist der Computer im ureigenen Gebiet tätig — der Verarbeitung und Berechnung von Zahlen.

Letztlich muß er jedoch auch die Aufgabe bewältigen, mit Texten sinnvoll umzugehen. Nehmen Sie das Beispiel Personalausweis — hier wird nicht nur ein Geburtsdatum gespeichert, sondern auch Ihr Name, Ihr Geburtsort, Ihre Augenfarbe und Ihre derzeitige Adresse werden festgehalten. Dies alles sind Daten, die zu Ihrer Person gehören und Ihrer Identifizierung dienen sollen.

Deutlich wird hier, daß Daten nicht nur Zahlen, Datums- oder Zeitangaben sind, sondern auch aus Wörtern und Sätzen bestehen können.

Zwei Dinge sind in diesem Zusammenhang für uns von Bedeutung:

❶ Daten sind zu unterscheiden nach Verwendungszweck und Typen.

❷ Wenn unser Computer Daten „verarbeiten“ soll, muß er erheblich mehr können, als nur rechnen.

Datenarten und Datentypen

Datenarten

Betriebsorganisatorisch gesehen können mehrere DATENARTEN unterschieden werden.

Stammdaten

Herr Meyer tritt neu in einen Betrieb ein. In seinem Personalbogen füllt er Name, Anschrift, Geburtsdatum und -ort, Familienstand etc. aus. Ihm wird eine Personalnummer zugeteilt. In der Personalkartei werden alle diese Daten gespeichert.

Den gleichen Vorgang könnten Sie auch für die Aufnahme eines neuen Produkts (Donkes Multi-Vitamin-Saft) in ein Artikelsortiment beobachten: Artikelnummer und Artikelbezeichnung, die Lieferantendaten etc. müssen hier erfaßt und dem Einkauf, Verkauf und Lager zur Verfügung gestellt werden.

Da diese Daten über einen längeren Zeitraum hinweg unverändert bleiben werden, werden Sie in der betriebsorganisatorischen Praxis als STAMMDATEN bezeichnet.

Änderungsdaten

Zieht Herr Meyer nach einem Jahr in eine neue und schönere Wohnung, wird eine einmalige Änderung in der Personalkartei erforderlich. Diese einmalige Änderung wird über die ÄNDERUNGSDATEN — die neue Anschrift, die Herr Meyer der Personalabteilung mitteilt — abgewickelt.

Bewegungsdaten

Ein anderer Fall liegt bei der Lohnabrechnung von Herrn Meyer vor. Hier muß der Vorarbeiter oder Herr Meyer selbst täglich die von Herrn Meyer erbrachten Arbeitsstunden notieren. In der Lohnbuchhaltung werden dann zum monatlichen Stichtag alle Stunden addiert und auf dieser Basis der aktuelle

Monatslohn errechnet. Tägliche Arbeitsstunden, Monatsstunden und Monatslohn ändern sich im betrieblichen Ablauf ständig und werden deshalb als BEWEGUNGSDATEN bezeichnet.

Bestandsdaten

BESTANDSDATEN nennt man die Daten, die z.B. Monatsstunden und Monatslohn für den Monat Januar als aktuell ermittelte Größe in der Lohnabrechnung ausweisen. Auf der Basis der Bewegungsdaten lassen sich also die Bestandsdaten ermitteln.

Für Donkes Multi-Vitamin-Saft werden z.B. permanent BEWEGUNGSDATEN anfallen — gestern wurden im Laden 253 Flaschen verkauft und zur Auffüllung des Lagers wurden 100 Kartons à 12 Flaschen nachbestellt. Der BESTAND im Lager betrug am Tagesende lediglich 12 Kartons à 12 Flaschen mit einem Lagerwert von DM 156,--.

Datentypen

Die Datentypen werden aufgrund der verwendeten Zeichen unterschieden. So werden für den den Personalbogen von Herrn Meyer verschiedene Daten benötigt.

Diese Daten unterscheiden sich nun je nach Art der verwendeten Zeichen.

❶ Die Angabe zum Namen besteht lediglich aus Klein- und Großbuchstaben des lateinischen Alphabets. Solche Daten bezeichnet man als ALPHABETISCHE DATEN.

❷ Die Angabe zur Personalnummer enthält nur arabische Ziffern (0-9). Diese Daten werden NUMERISCHE DATEN genannt. Numerische Daten können auch das Dezimalkomma (bzw. den Dezimalpunkt in der amerikanischen Notation) und ein Vorzeichen (+ oder —) enthalten. Nur mit numerischen Daten kann ein Computer wirklich rechnen.

Die Angabe zum Geburtsdatum enthält Ziffern und zwei Punkte, die in diesem Fall als sogenannte Sonderzeichen betrachtet werden müssen. Wenn Sonderzeichen verwendet werden, wird von ALPHANUMERISCHEN DATEN gesprochen. Alphanumerische Daten dürfen alle möglichen Zeichen enthalten — Buchstaben, Ziffern und Sonderzeichen (andere Sonderzeichen sind: . - ; % ! " etc., d.h. alle Nicht-Buchstaben und alle Nicht-Ziffern). Mit alphanumerischen Daten kann der Computer keine Rechnungen durchführen.

Diese Unterscheidung muß deshalb bei der Arbeit mit dem Computer beachtet werden.

Da man Daten in verschiedener Art und Weise im Computer ablegen kann (Sie werden davon noch hören), muß entweder der Anwender bei seiner Eingabe festlegen, um welche Art von Daten es sich handelt, oder der Programmierer muß sein Programm so entwickeln, daß in jedem Fall nur die Daten (Zahlen oder Zeichen) akzeptiert werden, die gewünscht sind. So sollte die Eingabe einer Bestellmenge aus Zahlen bestehen, mit denen gerechnet werden kann, und nicht aus der Zeichenkette „400 Stück", mit der nicht gerechnet werden kann.

Damit Sie das ein wenig besser verstehen, wollen wir im folgenden betrachten, wie Daten vom Computer gespeichert und bearbeitet werden. Zahlensysteme und Codes spielen hier eine entscheidende Rolle.

Zahlensysteme

Zahlensysteme werden im wesentlichen dahingehend unterschieden, wie viele Ziffern als Grundlage für Berechnungen verwendet werden. In der elektronischen Datenverarbeitung sind neben dem Dezimalsystem noch das Dual- und das Hexadezimalsystem von Bedeutung. Sie müssen allerdings kein Hobby-Mathematiker sein, um Computer bedienen zu können.

Dezimalsystem

Lassen Sie uns aber zunächst das Zahlensystem betrachten, mit dem wir am besten vertraut sind — das Dezimalsystem.

Das Dezimalsystem benutzt 10 Ziffern: 0, 1, 2, 3, 4, 5, 6, 7, 8 und 9. Zahlen können hier wie folgt dargestellt werden:

7352 =

	7 x 1000	=	7000
+	3 x 100	=	300
+	5 x 10	=	50
+	2 x 1	=	2

Der Wert einer Ziffer (z.B. 7) wird mit dem jeweiligen Stellenwert der Ziffer (z.B. 1000) multipliziert.

Die Zahlen nach dem Multiplikationszeichen (1000, 100 usw.) können wir auch als Zehnerpotenzen schreiben:

7352 =

	7×10^3
+	3×10^2
+	5×10^1
+	2×10^0

Horizontal in einer Dezimaltabelle geschrieben sieht die Zahl 7352 so aus:

100.000	10.000	1.000	100	10	1
(10^5)	(10^4)	(10^3)	(10^2)	(10^1)	(10^0)
0	0	7	3	5	2

Als **Benutzer** eines Computers haben Sie es ausschließlich mit dem Dezimalsystem zu tun. Der Computer selbst kann jedoch damit nichts anfangen. Ihre Eingaben in den Computer müssen übersetzt werden, damit er mit diesen Informationen umgehen kann. Digitale Computer verarbeiten keine Dezimalzahlen — sie benutzen das Dualzahlensystem.

Dualsystem

Ein Computersystem wird, was die technischen Bestandteile angeht, von Strom gesteuert. Es kann vom „Gehirn" des Computers, dem Mikroprozessor, ermittelt werden, ob an einer bestimmten Stelle im Computer Strom vorhanden ist oder nicht. Das hat zur Folge, daß ein Computer sämtliche Daten, mit denen er umgehen muß, nur als eine Aneinanderreihung von Stromimpulsen verarbeiten kann.

Das Vorhandensein oder eben Nicht-Vorhandensein von Strom läßt sich am ehesten durch ein Zahlensystem ausdrücken, das lediglich zwei Ziffern umfaßt — das Dualsystem. Der Ziffer 0 entspricht dann die Tatsache, daß kein Strom vorhanden ist. Wenn Strom vorhanden ist, so kann das durch die Ziffer 1 ausgedrückt werden. Die Aneinanderreihung von Stromimpulsen kann so als Aneinanderreihung von 0 und 1 verstanden werden.

Bereits im 18. Jahrhundert hat sich Leibniz mit dem Problem des Rechnens mit lediglich zwei Ziffern befaßt, der Null und der Eins. Er stellte fest, daß man jede Dezimalzahl darstellen und jede Rechenoperation mit diesen beiden Ziffern durchführen kann.

Das zugrundeliegende Prinzip dieses Zahlensystems erkennen Sie in den folgenden Beispielen.

Dezimal	Dual
0	0
1	1
2	10
4	100

Wenn Sie die Ziffern in einer Dualzahl von rechts nach links betrachten, stellt jeder darauffolgende Eintrag eine höhere Potenz von 2 dar. Wie im Dezimalsystem wird der Wert der einzelnen Ziffer mit dem Stellenwert multipliziert.

Beim Dezimalsystem steigt der Stellenwert um den Faktor 10 (1, 10, 100, 1000, 10000 usw.). Im Dualsystem steigt der Stellenwert um den Faktor 2 (1, 2, 4, 8 usw.).

64	32	16	8	4	2	1
2^6	2^5	2^4	2^3	2^2	2^1	2^0
					1	1

Wie im Dezimalsystem kann durch die einfache Berechnung von Ziffernwert mal Stellenwert der Zahlenwert der Dualzahl 11 ermittelt werden:

$$\begin{array}{ll} & 1 \times 2^1 \\ + & 1 \times 2^0 \end{array}$$

oder in Worten: Ein mal zwei (zwei hoch eins = 2) plus ein mal eins (zwei hoch Null = 1).

$$\begin{array}{lll} & 1 \times 2 & =2 \\ + & 1 \times 1 & =1 \\ \hline & & =3 \end{array}$$

Der Ziffernfolge 11 im Dualsystem entspricht also die Zahl 3 im Dezimalsystem. In gleicher Weise können alle Dualzahlen in Dezimalzahlen umgewandelt werden.

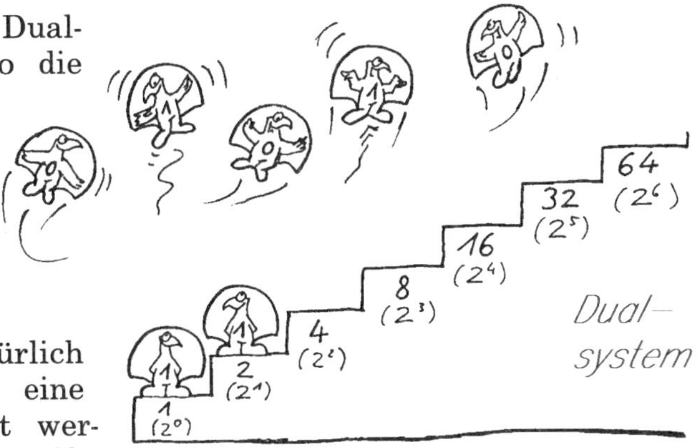

Umgekehrt kann natürlich jede Dezimalzahl in eine Dualzahl umgerechnet werden, indem man Sie in Vielfache von zwei spaltet und die Einzelergebnisse der Operationen hinterher wieder addiert.

Die Dezimalzahl 17 entspricht demnach der dualen Zahlenfolge 10001. Die folgende Tabelle zeigt Ihnen warum.

	1×2^4	$= 16$
+	0×2^3	$= 0$
+	0×2^2	$= 0$
+	0×2^1	$= 0$
+	1×2^0	$= 1$
		$= 17$

Wir wollen uns nicht in weiteren Einzelheiten hierzu verlieren, doch sollte Ihnen nunmehr deutlich sein, daß der Computer unsere Dezimaleingabe durch Umrechnung in eine entsprechende Dualzahl umwandeln muß. Für die Bildschirmausgabe muß dieser Vorgang umgekehrt werden — die gespeicherte Dualzahl muß in einen Dezimalwert umgerechnet werden.

Wenn der Computer darüber hinaus mit eingegebenen Werten Berechnungen anstellen muß, so muß dies mit Dualzahlen geschehen.

Dualzahlen werden wie Dezimalzahlen addiert, indem man den Übertrag an die nächsthöhere Stelle weitergibt, also

```
      1
+     1
   ----
=    10
```

Nun gut, werden Sie sagen, das ist bekannt. Interessanter wird die Subtraktion, die der Computer ebenfalls durch eine Addition löst! Hierzu bedient er sich eines kleinen mathematischen Tricks — er rechnet mit sog. „Komplementen“.

Betrachten wir zunächst ein Beispiel aus dem Dezimalsystem:

Die Differenz von 87 minus 43 ergibt — nach Adam Riese — 44.

Zu diesem Ergebnis könnten wir auch über einen zugegebenermaßen komplizierteren Weg als üblich kommen:

Wir überlegen, welche Zahl zur zweiten Zahl (43) ergänzt werden muß, um die größte Zahl mit der gleichen Anzahl von Ziffern bilden zu können — das wäre hier 99. In unserem Beispiel würde die Zahl 56 diese Ergänzung darstellen (43 + 56 = 99). Im folgenden Rechenschritt werden Ergänzung und erste Zahl (87) **addiert**:

```
     87
+    56
   ----
=   143
```

Im zweiten Rechenschritt (zweite Ergänzung) wird die linke 1 des Ergebnisses entfernt und zum verbliebenen Rest (43) wieder addiert:

~~1~~43

```
+     1
   ----
=    44
```

Für Nicht-Mathematiker verblüffenderweise ist das Ergebnis richtig, ohne daß eine Subtraktion erforderlich gewesen wäre!

Bei Dualzahlen ist diese Art der Berechnung einer Differenz in der gleichen Weise durchzuführen.

Betrachten wir hierzu das Berechnen der Differenz von 2 minus 1.

Dualzahl für 2 (abgekürzt): 0010
Dualzahl für 1 (abgekürzt): 0001

Die Ergänzung zum größtmöglichen Wert der zweiten Zahl (0001) kann hier durch einfache Umkehrung der zweiten Dualzahl (Bildung des sog. Einerkomplement) ermittelt werden — aus 0001 wird 1110. Nun wird das Einerkomplement zur ersten Zahl addiert:

```
      0010
+     1110
  --------
=    10000
```

Auch hier wird die linke 1 wieder entfernt und zur verbleibenden Zahl addiert:

```
      0000
+     0001
  --------
=     0001
```

Bleibt abschließend noch die Umwandlung der Dualzahl 0001 in eine Dezimalzahl — und das ist dann wieder 1.

Sie sehen, das Ergebnis ist richtig, wenn auch der Weg dorthin ein wenig kompliziert erscheint. Der Computer kann so allerdings jede Rechenoperation (Multiplikation, Division, Potenzieren) auf dem Wege der Addition erledigen.

Erst dadurch können die elektronischen Schaltungen auf die logisch einfachsten Wege hin konstruiert werden. Als Benutzer eines Computers müssen Sie diese Rechnungen allerdings nie selbst durchführen — Sie sollten hier lediglich eine Vorstellung darüber erhalten, wie der Computer mit eingegebenen Daten umgeht und wie er Berechnungen durchführt.

Hexadezimalsystem

Während die Dualzahlen also nur Computer- bzw. Chipkonstrukteure interessieren, ist das beim zweiten für uns wichtigen Zahlensystem, dem Hexadezimalsystem anders. Programmierer müssen bestimmen können, an welcher genauen Position im Speicher des Computers Eingabedaten, Rechenergebnisse usw. abgelegt werden, damit korrekte Berechnungen durchgeführt werden können. Sämtliche Speicherstellen im Computer werden von 0 bis z.B. eine Million im Dualzahlenformat durchnumeriert. Soll die Speicherstelle 22590 angesprochen werden, entspricht dies einer 16-stelligen Dualzahl! Sie können sich vorstellen, daß der Umgang mit solch unübersichtlichen Zahlen denkbar ungeeignet für den Programmierer ist. Deshalb

wird das Hexadezimalsystem als Hilfsmittel für den Umgang mit Computerzahlen benutzt. Sehen wir uns doch dieses System etwas näher an.

Das Hexadezimalsystem kennt 16 Ziffern:

0 1 2 3 4 5 6 7 8 9 A B C D E F

Um die Zahlen der verschiedenen Systeme unterscheiden zu können, ergänzt man diese oft durch die Basis des jeweiligen Systems.

In hexadezimaler Schreibweise entspricht die Zahl 15_{10} also einem F_{16}, die Zahl 11_{10} einem B_{16} usw. Umrechnungen zum Dezimalsystem können ebenso durchgeführt werden wie beim Dualsystem. Beim Dualsystem wird von 2er Potenzen ausgegangen

(2 Ziffern bilden ja die Grundlage dieses Zahlensystems), beim Hexadezimalsystem wird von 16er Potenzen ausgegangen.

Die Hexadezimalfolge FF_{16} kann deshalb wie folgt umgewandelt werden:

$15 \times 16^0 = 15 \times 1 = 15_{10}$
$15 \times 16^1 = 15 \times 16 = 240_{10}$
$= 255_{10}$

Interessanterweise entspricht die höchste einstellige Hexadezimalziffer F_{16} im Dualsystem genau der Ziffernfolge 1111_2. Auf diese Weise können jeweils Blökke von 4 Dualziffern zu einer Hexadezimalziffer zusammengezogen werden.

Unsere Speicheradresse 22590 oder dual 0101 1000 0011 1110_2 ergibt dementsprechend $583E_{16}$ in hexadezimaler Schreibweise. Wie Sie sehen, wird der Schreibaufwand erheblich vermindert und die Lesbarkeit der Information deutlich erhöht.

E_{16}	=	14×16^0	=	14 x	1_{10}	=	14_{10}
3_{16}	=	3×16^1	=	3 x	16_{10}	=	48_{10}
8_{16}	=	8×16^2	=	8 x	256_{10}	=	2048_{10}
5_{16}	=	5×16^3	=	5 x	4096_{10}	=	2048010
							22590_{10}

0101
5
4056
1000
8
256
0111
3
16
1110
E
1
Hexadezimal-
system

BITS UND BYTES — DATEN IM SPEICHER

Halten wir noch einmal fest: Die kleinste Einheit, die ein Computer bei der Informationsverarbeitung unterscheiden kann, ist eine Dualzahl. Ausgehend von der amerikanischen Übersetzung (binary digit) wird eine einzelne Dualzahl **Bit** genannt. Entsprechend kann auch ein Bit gerade zwei Informationen ausdrücken — null oder eins. Das ist nicht sehr viel und reicht natürlich allein nicht aus, um komplexe Zahlen, Buchstaben oder gar ganze Texte berechnen oder aufbewahren zu können. Hierzu müssen mehrere Bits verwendet und gekoppelt werden.

Die Zusammenfassung von acht Bits wird ein **Byte** genannt.

Dies bedeutet, daß ein Byte 2 hoch 8 verschiedene Informationen ausdrücken kann und das sind immerhin 256. Ein Byte wird generell benutzt, um ein alphanumerisches Zeichen abzulegen (vgl. CODES weiter unten).

Zahlen, deren Wert 256 übersteigt, müssen in mehrere Bytefolgen aufgeteilt werden. Das ist kein Problem für den Computer, weil sämtliche Dateneingaben über die Tastatur in alphanumerischer Form erfolgen und für Berechnungen erst umgewandelt werden müssen.

Da jedes in den Computer eingegebene Zeichen bereits ein Byte im Speicher belegt, ist es klar, daß die Kapazität von Speichern auch in größeren Einheiten beschrieben werden muß. Genau 1024 Byte (2 hoch 10) ergeben ein Kilobyte, abgekürzt KB, 1024 KB wiederum ein Megabyte (MB). Wird die Kapazität eines Speichers mit einem Megabyte angegeben, so können immerhin 1 Million Zeichen aufbewahrt werden — das entspricht etwa 200 vollgeschriebenen DIN-A4-Seiten.

Wenn, wie angesprochen, in einem Byte ein alphanumerisches Zeichen abgelegt wird, kann dies natürlich nur in dualer Form geschehen. Wie gelingt es aber dem Computer, den Buchstaben A auf der Tastatur in einem dualen Byte in seinem Speicher abzulegen? Ebenso wie bei der Umrechnung von Dezimal- in Dualzahlen wurden Regeln zur Übersetzung entwikkelt — die sog. Codes.

CODES — DATENÜBERMITTLUNG

Wie wir gesehen haben, „denkt" und arbeitet der Computer mit dem Dualsystem, wir als Benutzer haben damit jedoch nichts zu tun. Wie können wir uns nun dem Computer verständlich machen? Ganz einfach — wir haben mit dem Computer einen Code vereinbart, eine gemeinsame Basis für die Kommunikation zwischen Mensch und Computer. Zeichen und Zahlen unserer Sprache werden so in die Computersprache übersetzt.

Tatsächlich sendet jede Taste Ihrer PC-Tastatur eine genau festgelegte Bitfolge (den sog. Scan-Code) an den Computer und eine andere Bitfolge steuert, welches Zeichen auf dem Bildschirm dargestellt wird. Die Bedeutung der Bitfolgen entspricht also der Aufschrift der Tasten, so daß eine eindeutige Zuordnung jedes Tastendrucks möglich ist.

Zur Speicherung und Verarbeitung der Information in einem Byte muß dieser Tastendruck also interpretiert werden. Der Personal Computer bedient sich bei dieser Interpretation eines besonderen Codes, der ASCII-Code genannt wird. ASCII steht darin für American Standard Code of Information Interchange,

was soviel heißt wie Amerikanischer Standard-Code für den Informationsaustausch.

In diesem Code wurde vereinbart, daß z.B. der Buchstabe A als 65_{10}, d.h. als $0100\ 0001_2$ im Speicher abgelegt wird. Im Standard-ASCII-Code werden hierfür 8 Bits benötigt, also genau ein Byte. Die ersten sieben Bits enthalten die Information über das Zeichen, so daß insgesamt 2^7, d.h. 128 verschiedene Zeichen erfaßt werden können.

Das achte Bit dient Prüfzwecken. Es wird Paritätsbit genannt und erhält den Wert 1, wenn die Folge von 0 und 1 bei der Zeichen-Information zusammengerechnet einen ungeraden Wert ergibt. Bezogen auf unser obiges Beispiel (der Buchstabe A) ist dieser Wert gerade — das Paritätsbit steht auf 0. Das soll vor allem den Informationsaustausch sicherer machen, weil ein Übertragungsfehler schneller erkannt werden kann.

Was wird nun mit diesen 128 verschiedenen Möglichkeiten angefangen? Das normale Alphabet enthält 26 Zeichen. Werden Klein- und Großbuchstaben unterschieden, so macht das insgesamt 52 Zeichen. Hinzu kommen 10 Ziffern (0 — 9), aber auch 34 Sonderzeichen wie Komma, Semikolon, Kleiner-Zeichen usw., so daß insgesamt schon 96 Zeichen aus dem Vorrat vergeben sind. Da die ersten 32 Zeichen des Codes für Steuerungsfunktionen des Betriebssystems wie Zeilenvorschub, Piepton, Dateiende-Marke etc. belegt sind, ist damit der Standard-ASCII-Code bereits ausgereizt, ohne daß etwa landesspezifische Zeichen wie die deutschen Umlaute hier Berücksichtigung finden können. Im Zuge der zunehmenden Internationalisierung auf dem Computersektor ist dies nicht wünschenswert.

Aus diesem Grund hat die Firma IBM erneut „Zeichen gesetzt" und den Standard-Code zum sog. erweiterten ASCII-Code entwickelt. Hier werden alle 8 Bits zum Informationsaustausch herangezogen, das Paritätsbit entfällt. Technisch mußten an den Geräten also keine Änderungen vorgenommen werden, zusätzliche Leitungen sind ja nicht erforderlich. Die PCs von heute benutzen alle diesen Code. Die somit zusätzlich zur Verfügung stehenden 128 Zeichen sind belegt worden mit landesüblichen Sonderzeichen wie den deutschen Umlauten, Währungskennzeichen für z.B. Pfund und Yen, das griechische Alphabet für wissenschaftliche Anwendungen und eine Fülle von Grafikzeichen, die das Bildschirmleben anschaulicher machen.

Auf dieser Grundlage ist ein Informationsaustausch zwischen Personal Computern und den sie unterstützenden Programmen auch international problemlos geworden.

Übrigens können Sie mit Hilfe der <ALT>-Taste auf Ihrer Tastatur jedes ASCII-Zeichen eingeben. Sie müssen lediglich diese Taste festhalten und auf dem numerischen Tastatur-Block nacheinander den dezimalen Code-Wert eingeben. Die Ziffer 0 hat den dezimalen ASCII-Wert 48, der kleine Buchstabe a den Wert 97 usw.

Ein Beispiel: Sie tippen ein

<ALT> + <5> + <4>
<ALT> + <4> + <7>
<ALT> + <5> + <0>
<ALT> + <6> + <1>
<ALT> + <5> + <1>

und erhalten auf dem Bildschirm die Ausgabe

6 / 2 = 3.

Sie sollen diese Tastatureingaben natürlich nicht auswendig lernen, sondern nur an einem kleinen Beispiel Eingabemöglichkeiten kennenlernen.

Großrechner verarbeiten Daten in einem anderen Code. Er wird EBCDIC genannt — Extended Binary Coded Decimal Interchange Code (Erweiterter Code für den Informationsaustausch binär kodierter Zahlen). Auch der EBCDIC basiert auf 8 Bits und kann so 256 verschiedene Zeichen darstellen. Die Codierung der einzelnen Zeichen ist indes völlig anders. Die Ziffer 0 entspricht hier dem dezimalen Wert 15, der kleine Buchstabe a dem Wert 24.

Eines dürfte demnach für Sie klar sein. Großrechner und PCs können auf dieser Code-Basis einander nicht verstehen und keine Daten austauschen. Muß dies dennoch geschehen, etwa im Rahmen einer Netzwerk-Verbindung zwischen PC und Großrechner, so sind aufwendige Konvertierungsprogramme erforderlich, die den EBCDI-Code in den ASCII-Code übersetzen und umgekehrt.

Abschließend sei noch auf ein Problem eingegangen — wenn Zahlen im EBCDI- oder ASCII-Code entgegengenommen oder gespeichert werden, werden Sie als alphanumerische Ziffernfolge verstanden. Die Zahl 11 entspricht im ASCII-Code also der Folge 0011 0001 und 0011 0001, statt der Zahl 11 = 0000 1101. Wie aber kann nun der Computer seiner eigentlichen Aufgabe gerecht werden, nämlich zu rechnen? Nun, die Antwort auf diese Frage ist einfach: Wir müssen es ihm sagen.

Tatsächlich kann unser Personal Computer in der ersten Ebene, über die wir mit ihm kommunizieren, dem Betriebssystem nämlich, keine Rechnungen durchführen. Wir brauchen dazu die Hilfe von Programmiersprachen wie BASIC oder dafür geeigneter Anwendungsprogramme wie EXCEL. Auch diesen Hilfsmitteln müssen wir besonders mitteilen, daß wir nun rechnen möchten. Erst dann wird die eingegebene Ziffernfolge rechnerintern als Zahl verwaltet und eine korrekte Berechnung kann stattfinden.

Lernkontrollfragen

1.

Was sind Daten?

✍ ______________________________

2.

Welche Information würden Sie als Bewegungsdaten und welche als Stammdaten ansehen?

Artikel-Nr.	Beschreibung	Bestand	Einzelpreis
43125	Radiergummi	1234	0,30
67781	Disketten, HD	400	49,98
32567	Endlospapier	120	25,99

✍ ______________________________

3.

Unterscheiden Sie im obigen Beispiel zwischen **numerischen** und **alphanumerischen** Daten.

✍ ______________________________

✍ ______________________________

4.

Mit wievielen Ziffern hat man es im Dezimalsystem zu tun und welche sind diese?

✍ ______________________________

5.

Mit wievielen Ziffern hat man es im Dualsystem zu tun und welche sind diese?

✍ ____

✍ ____

6.

Der Rechner kann nur addieren - auf welche Weise kann der Rechner dennoch eine Subtraktionsaufgabe lösen?

✍ ____

✍ ____

7.

Mit wievielen Ziffern arbeitet das Hexidezimalsystem? Welche sind diese?

✍ ____

8.

Wieviele Informationszustände sind unterscheidbar mit

— einem Bit?

— acht Bits?

Mit welchem Code arbeitet ein Personal Computer? **9.**

✍ ______________________________

Mit welchem Code arbeitet ein Großrechner? **10.**

✍ ______________________________

Wieviele Bits enthält ein Kilobyte? **11.**

✍ ______________________________

Was ist ein Paritätsbit? **12.**

✍ ______________________________

HARDWARE

Lernziele:

In diesem Kapitel lernen Sie,

- **was unter dem Begriff HARDWARE zu verstehen ist,**
- **wie ein Mikroprozessor aufgebaut ist und welche Aufgaben er zu erfüllen hat,**
- **was eine „Zentraleinheit“ ist und welche Funktionen sie übernimmt,**
- **welche Arten von Speichern es gibt und wozu sie benötigt werden,**
- **was eine serielle und was eine parallele Schnittstelle ist und wozu diese benötigt werden,**
- **was man unter Eingabegeräten versteht und wie eine Tastatur, ein Scanner, Lichtgriffel und Digitalisiertablett funktionieren,**
- **welche Druckertypen es gibt und wie mit Ihnen umzugehen ist,**
- **was Sie unter einer Grafikkarte verstehen müssen und welche Arten von Grafikkarten es gibt und**
- **wie ein Monitor arbeitet und welche Monitoren Sie unterscheiden können.**

Hardware — Alles was hart macht!

Die von uns täglich genutzte Technik ist in unserer heutigen Welt für die meisten Menschen ein Buch mit sieben Siegeln. Außer den entsprechend ausgebildeten Spezialisten weiß kaum jemand, wie ein Fernsehapparat oder ein Bügeleisen funktioniert oder wie eine Waschmaschine dazu gebracht wird, mit uns zu „reden". Wir benutzen die uns zur Verfügung stehende Technik, ohne uns große Gedanken darüber zu machen. Tatsächlich benötigen wir für den täglichen Umgang mit der Technik solche Kenntnisse meistens auch gar nicht. Dies gilt grundsätzlich sicherlich ebenso für die Technik des Computers.

Wir wollen Sie nachfolgend etwas vertrauter mit der Computertechnik machen. Wollen Sie allerdings einen Computer intensiv nutzen oder ihm in Form von Programmen sogar eigene Lösungen für Probleme mitteilen, müssen Sie die sog. „Hardware" Ihres Computers sicherlich genauer kennenlernen als wir es Ihnen mit diesem Buch vermitteln können.

Mit dem Begriff „HARDWARE" (= harte Ware) werden allgemein die physischen Bestandteile eines Computers bezeichnet, das also, was Sie direkt vor sich sehen und befühlen können, wenn Sie vor einem Computer stehen bzw. in einen geöffneten Computer hineinschauen.

Demgegenüber bezeichnet „SOFTWARE" (= weiche Ware) die Gesamtheit aller Programme, die den Computer dazu bringen, bestimmte Aufgaben für uns zu lösen.

Hardware und Software bilden zusammen die Einheit, die den Computer heute in unserem Büroalltag auszeichnet. Die Hardware bietet darin lediglich die Möglichkeit einer technischen Umsetzung dessen, was sich kluge Programmierer an Lösungen für betriebliche, industrielle oder rechnerische Probleme ausgedacht haben.

Betrachten wir zunächst einmal eine typische Hardware-Konfiguration, die Sie vermutlich gerade auch zur Verfügung haben. Sie besteht aus einem meist ziemlich farblosen Kasten, der Zentraleinheit und der sog. Peripherie, d.h. einer Tastatur, einem Bildschirm und wahrscheinlich einem Drucker.

Gemäß einem Grundprinzip der EDV, dem sog. **EVA-Prinzip**, können wir diesen Komponenten entsprechende Aufgaben zuordnen:

Die **Eingabe** von Daten erfolgt über die Tastatur.

Deren **Verarbeitung** findet in der Zentraleinheit statt.

Die **Ausgabe** von Ergebnissen wird vom Bildschirm oder vom Drucker übernommen.

Grob gesagt entspricht diese Unterteilung auch den tatsächlichen Verhältnissen, doch müssen wir die zur Verfügung stehenden Komponenten noch ein wenig genauer betrachten, wenn wir einen Überblick über die Hardware bekommen wollen.

Zentraleinheit

Die Zentraleinheit ist das Herzstück jedes Computers. Sie steuert und kontrolliert alle Vorgänge im Computer. Hier werden Ein- und Ausgabe der Daten verarbeitet, Berechnungen angestellt und Daten aufbewahrt (gespeichert).

Im täglichen Sprachgebrauch der EDV-Fachleute wird der farblose „Kasten", den Sie vor sich sehen, vereinfacht als Zentraleinheit bezeichnet. Dies ist jedoch nicht ganz richtig. Wenn Sie Ihren Computer einmal öffnen, so können Sie im Inneren des Kastens auch andere Hardware-Komponenten ausmachen, auf die später noch einzugehen ist. Wenn man es genau nimmt, so besteht bei Personal Computern die Zentraleinheit lediglich aus einer einzigen Platine, der Hauptplatine bzw. dem „Motherboard".

Diese Hauptplatine beinhaltet die gesamte Steuerungslogik für den Computer, den Zentralprozessor und seine Helfer-Chips, sowie den Aufbewahrungsort für all die Daten, mit denen der Zentralprozessor arbeiten muß. Dieser Aufbewahrungsort ist der Zentralspeicher.

Zentralprozessor

Der Zentralprozessor, die CPU (= Central Processing Unit), besteht bei heute gebauten PC's aus einem einzigen Mikrochip und wird deshalb meist verkürzt Mikroprozessor genannt. In diesem Mikrochip sind derzeit je nach Typ zwischen 80000 und über eine Viertelmillion Transistorfunktionen integriert! Er ist das Gehirn des Computers. Alle die Leistungen, die wir eben grob der Zentraleinheit zugeordnet haben, werden vom Mikroprozessor erbracht bzw. von ihm gesteuert.

Von ihm werden die Peripheriegeräte angesprochen, in ihm finden alle Berechnungen statt, über ihn werden die Speichervorgänge abgewickelt.

Von den Komponenten eines Mikroprozessors wollen wir drei funktionale Einheiten erwähnen.

Da sind zum einen die **Register** zu nennen. Das sind kleinste Speicherelemente, die je nach Prozessortyp zwischen einem und 4 Byte Informationen aufnehmen können. Sie beinhalten die zu bearbeitenden Daten und die Ergebnisse von Berechnungen oder logischen Operationen.

Diese werden in der **arithmetisch-logischen Einheit** (ALU = Arithmetic Logical Unit) vorgenommen, einem weiteren Bestandteil des Mikroprozessors. Arithmetisch bedeutet hier, daß einfache Berechnungen durchgeführt werden, z.B. die Addition der Zahlen 3 und 5 oder — dies geschieht in mehreren Arbeitsschritten — die Ermittlung der 5. Potenz von 9. Logisch meint, daß der Computer hier auch Vergleiche nach Identität oder größeren und kleineren Werten vornehmen kann, z.B.: ist der Wert 15 kleiner als der Wert 20?

Den Transport von Daten übernehmen elektronische Miniatur-Leitungswege, die sog. **Busse**. Hier werden drei Typen unterschieden.

❶ Der **Datenbus** transportiert die Daten von den Registern in die ALU und zurück. Register 1 und 2 übergeben durch den Datenbus die Zahlen 3 und 5 an die ALU. Vereinfacht können Sie sich vorstellen, daß nach Durchführung der Addition das Ergebnis 8 vom Datenbus ins Register 3 bewegt wird.

❷ Daten können jedoch auch Steuersignale sein, z.B. von der Art: ALU bereitmachen zum Empfang von Daten oder: Register 3 für die Entgegennahme des Ergebnisses öffnen. Diese Steuerinformationen werden über den **Steuerbus** abgewickelt.

❸ Schließlich müssen Daten auch noch irgendwoher geholt und Ergebnisse irgendwohin zurückgegeben werden. Damit das nicht planlos geschieht, wird der **Adreßbus** eingesetzt. Der Adreßbus übergibt die Information, an welcher Speicherstelle im Zentralspeicher Daten abgeholt oder hinterlegt werden müssen. Der gesamte Zentralspeicher ist hierzu wie die Häuser in einer Straße durchnumeriert — der Adreßbus findet dann wie Ihr Briefträger zuhause immer die gewünschte Speicherstelle.

Verdeutlichen wir uns den gesamten Vorgang noch einmal durch ein kurzes Beispiel:

Im Zentralspeicher befinden sich in den Speicherstellen 5555 und 5556 die Zahlen 5 und 6, die addiert werden sollen. Der Adreßbus transportiert nun die Information, daß die Speicherstellen 5555 und 5556 angesprochen werden sollen. Der Steuerbus sorgt dafür, daß hier die Daten entnommen werden können. Der Datenbus transportiert sie in die Register und von da in die ALU. Nach Ermittlung des Ergebnisses wird dieses über den Datenbus zurück in ein Register gebracht. Der Adreßbus sorgt nun dafür, daß die Speicherstelle 5557 angesprochen wird, der Steuerbus stellt klar, daß diese Speicherstelle Daten empfangen soll, vom Datenbus wiederum werden sie zur angegebenen Position transportiert.

Dieses Beispiel beschreibt die Vorgänge im Mikroprozessor und in den Bussen noch nicht einmal vollständig, doch Sie sehen schon, der Computer hat alle Hände voll zu tun, wenn er zwei Zahlen addieren soll. Allerdings: der einfachste heute in einem PC zu findende Mikroprozessor schafft dies in einer Millionstel Sekunde!

Wenn Sie ein Programm z.B. in der Programmiersprache BASIC erstellen, so muß dies in Anweisungen übersetzt werden, die der Mikroprozessor versteht. Nicht jeder der obengenannten Schritte muß hier allerdings ausdrücklich beschrieben werden, sonst würde bereits das einfachste Programm sehr lang werden. Vielmehr verfügt jeder Mikroprozessor über einen elektronisch eingebauten „Befehlssatz“, der ihn die Routineschritte vor allem der Bussteuerung automatisch ausführen läßt. Professionelle Programmierer müssen den Befehlssatz ihres Prozessors genau kennen.

Heute in Personal Computern eingesetzte Mikroprozessoren sind entweder 16-bit- oder 32-bit-Prozessoren. Dies meint, daß der für die Übertragung der Daten aus den Registern in die ALU eingesetzte Datenbus nicht mehr als 16 bzw. 32 bit auf einmal aufnehmen kann. Entsprechend heißen die Computer auch 16-bit bzw. 32-bit-Computer.

Den Markt für Mikroprozessoren von Personal Computern teilen sich heute in der Hauptsache die Firmen Motorola und Intel. Die Motorola-Prozessoren 68000 (16 bit), 68020 und 68030 (je 32 bit) werden besonders in den verbreiteten PC-Typen APPLE-Macintosh, COMMODORE Amiga oder ATARI ST eingesetzt, die hohe Anforderungen an die Bildschirmgrafik stellen. Dies macht eine der Stärken dieser Prozessorfamilie aus, so daß wir sie in wirklich professionellen Geräten auch zur alleinigen Steuerung der Bildschirmgrafik eingesetzt finden. Ihr Nachteil ist allerdings ein ganz gewichtiger: Sie sind nicht IBM-kompatibel, d.h. sie entsprechen nicht dem sog. Industrie-Standard. Programme, die für den IBM-PC entwickelt wurden, können mit diesen Prozessoren nicht benutzt werden.

IBM verwendet für seine Personal Computer Prozessoren der Firma INTEL. Das auch von Ihnen benutzte Betriebssystem MS-DOS ist auf diese Prozessoren abgestimmt. Computer, die unter dem Betriebssystem MS-DOS arbeiten können, besitzen entweder einen INTEL-Prozessor oder einen Original-Nachbau der Firma NEC (V20, V30 oder V40). Vor allem ein Merkmal zeichnet die gesamte Prozessorfamilie von INTEL aus. Jeder neue Prozessor ist abwärtskompatibel zu seinem Vorgängermodell. Das bedeutet für den Anwender, daß er keine neuen Programme benötigt, wenn er einen neuen Computer mit einem leistungsfähigeren INTEL-Prozessor erwirbt. Dies garantiert Investitionssicherheit nicht nur für den Benutzer, sondern auch für die Garde der Programmentwickler.

Auf dem Computermarkt sind derzeit folgende gängige INTEL-Prozessoren zu unterscheiden:

8088

8088: Der 8088-Prozessor ist ein Zwitter, denn während er selbst mit 16-bit-Datenübertragungen arbeitet, kann er den Zentralspeicher nur mit 8-bit auf einmal bedienen. Er ist ein 16/8-bit Prozessor. Sein Adreßbus weist 20 Leitungen auf, so daß er maximal 2 hoch 20 Speicherstellen ansprechen kann, das sind etwas über eine Million. Der Quarz, über den seine Arbeitsgeschwindigkeit synchronisiert wird, leistet einen Takt von 4,77 Millionen Impulse in der Sekunde (4,77 MHz).

Dies alles sind beeindruckende Zahlen, doch entsprechen diese Leistungen heute bereits nicht mehr den stark gestiegenen Speicher-Ansprüchen der eingesetzten Programme und dem Geschwindigkeitsbedürfnis der Anwender. Der 8088 war der Prozessor, den die IBM in ihren ersten Personal Computer einsetzte. Für ihn wurde MS-DOS konzipiert. Inzwischen ist er allerdings veraltet und wird nur noch in Billig-PCs verwendet, die im halbprofessionellen Bereich angeboten werden.

8086: Der 8086 ist ein reiner 16-bit-Prozessor, d.h. intern (bei der Arbeit mit den Registern) und extern (Daten aus dem Zentralspeicher holen oder dorthin übermitteln) können jeweils zwei Byte auf einmal bewegt werden. Das erhöht seine Arbeitsgeschwindigkeit natürlich gegenüber dem 8088 beträchtlich, wenngleich beide Prozessoren ansonsten den gleichen Aufbau haben. Der 8086 wird auch heute noch in den Standard-PC's häufig eingesetzt, so in der Olivetti M240 oder im IBM PS/2 30. *8086*

80286: Dieser Prozessor wird seit 1983 in den IBM/AT-Computern eingebaut. Er weist gegenüber seinen Vorgängern erhebliche Veränderungen auf. Obwohl wir auch ihn als reinen 16-bit-Prozessor ansehen müssen, hat sich seine Verarbeitungsgeschwindigkeit noch einmal erheblich gesteigert. *80286*

Dies liegt zum einen daran, daß seine Taktfrequenz deutlich erhöht werden konnte. Bot der Original IBM/AT einen 6 MHz-Takt, so werden heute ausgelieferte AT's bereits mit 20 MHz und mehr betrieben.

Daneben sorgen im Chip selbst ca. 130000 Transistorfunktionen für einen schnelleren Programmablauf. In Zahlen ausgedrückt bedeutet dies: Konnte ein 8088 zwei Zahlen 40.000mal in der Sekunde multiplizieren, so schafft dies ein Standard-80286 300.000mal in der Sekunde! Bei komplexeren Operationen ist ein 80286 mindestens doppelt so schnell wie seine Vorgänger, meist aber um ein Mehrfaches schneller.

Zwei weitere Eigenschaften sind es allerdings, die den 80286 grundlegend von seinen Vor-Modellen unterscheidet:

❶ Der Adreßbus ist auf 24 Leitungen erweitert worden. Damit können über 16 Millionen Speicheradressen direkt angesprochen werden — eine entscheidende Weiterentwicklung!

❷ Der Prozessor besitzt die Fähigkeit, mehrere Programmteile nebeneinander und in kürzester Folge abwechselnd abarbeiten zu können — er ist „multitasking"-fähig. Sie können so, wenn es das Betriebssystem erlaubt, per Tastendruck zwischen einem WORD-Text und einer EXCEL-Tabelle umschalten. In der einen Sekunde schreiben Sie einen Brief, in der anderen bearbeiten Sie die EXCEL-Grafik, die Sie diesem Brief beilegen wollen. In der Fachsprache bezeichnet man dies als Arbeit im „protected mode" (= geschützter Modus — prozessorinterne Arbeitsweise, die es erlaubt, Daten des einen Programms säuberlich von den Daten des anderen Programms zu trennen und damit die Daten beider Programme voreinander zu schützen).

Ein Prozessor vom Typ 80286 oder höher ist also Voraussetzung für die Steuerung eines Netzwerks oder die Arbeit mit Betriebssystemen wie UNIX/XENIX oder OS/2, das gerade für diesen Prozessor entwickelt wurde.

80386

80386: Der 80386 ist in reiner 32-bit-Technologie entworfen worden, d.h. Daten werden im Prozessor und zum/vom Zentralspeicher mit jeweils 4 Byte auf einmal übertragen. Auch der Adreßbus weist 32 Leitungen auf und kann so ca. 1 Milliarde Speicherstellen direkt ansprechen — davon, daß ein solcher Speicher einmal zur Verfügung stehen wird, träumen allerdings Computerentwickler und -anwender derzeit noch. Auch der 80386 ist natürlich multitasking-fähig und übertrifft mit seinen ca. 275000 Transistorfunktionen die Leistungsfähigkeit seines Vorgängers noch um ein Mehrfaches (386er Computer mit 33 MHz Taktfrequenz und mehr sind nicht mehr ungewöhnlich).

Seine Einsatzgebiete sind die Steuerung von Netzwerken oder Terminals, Computergrafik und die Verwaltung großer Datenbestände. Damit erweist sich ein PC mit diesem Mikroprozessor als direkter Konkurrent zu Rechnern der Mittleren Datentechnik.

80486

80486: Weiter intern verbessert und mit über einer Million Transistorfunktionen ausgestattet eröffnet der 80486 Prozessor eine neue Dimension im Bereich PC-Leistung. Er soll mit sehr hoher Taktfrequenz arbeiten und endgültig den Weg des PCs in die Leistungskategorie mittlerer Datentechnik ebnen. Die meisten PC-Hersteller haben in diesen Tagen die ersten Maschinen dieses Types ausgeliefert. Ersten Testberichten zufolge wird er — im Durchschnitt! — mehr als zwanzigmal so schnell sein wie der ursprüngliche IBM-PC.

Unterstützung in ihrer Arbeit finden alle Prozessoren der Firma INTEL durch geeignete Arithmetische Co-Prozessoren: 8087, 80287 und 80387. Diese Co-Prozessoren, für die auf jeder Hauptplatine ein Aufstecksockel bereits vorhanden ist, entlasten den jeweiligen Mikroprozessor in der Rechenarbeit. Sind rechenintensive Leistungen zu erbringen, wie etwa im Grafikbereich, bei CAD und Desktop Publishing, oder bei Bewegungen großer Datenmengen im Speicher über ein Datenbanksystem, so erweisen sich diese Co-Prozessoren als nützliche Helfer.

Vom Mikroprozessor aktiviert können sie größere Berechnungen um bis zu 20mal schneller und dazu noch genauer erledigen. Der jeweilige Hauptprozessor kann sich in der Zwischenzeit um andere Dinge kümmern und nimmt lediglich das Ergebnis der Berechnungen wieder entgegen.

Leider kann der Hauptprozessor nicht eigenmächtig entscheiden, wann ein vorhandener Co-Prozessor zu Hilfe genommen wird, sondern diese Entscheidung muß vom jeweiligen Programm getroffen, d.h. vom Programmierer bereits vorgesehen werden. Die meisten Programmiersprachen unterstützen mittlerweile den Einsatz eines Co-Prozessors ebenso wie die meisten Tabellenkalkulationen und Datenbanken. Wenn Sie allerdings vorwiegend Textverarbeitung betreiben, können Sie auf die teure Anschaffung eines Co-Prozessors sicherlich verzichten.

Zentralspeicher

Der Zentralspeicher besteht aus speziellen Speicherchips und ist auf der Hauptplatine der Zentraleinheit angebracht. Er wird deshalb auch interner Speicher genannt.

Den Großteil des zur Verfügung stehenden Zentralspeichers belegt der RAM-Speicher. RAM ist die Abkürzung für

☞ **R**andom

☞ **A**ccess

☞ **M**emory

— zu deutsch: Speicher mit wahlfreiem Zugriff.

Wahlfreier Zugriff meint hier, daß jede beliebige Speicherstelle direkt angesprochen werden kann. Der Speicherzugriff wird durch den Adreßbus des Mikroprozessors unmittelbar gesteuert. Dabei wird der gesamte Speicher durchnumeriert. Jede gewünschte Speicherstelle kann dann über ihre „Adresse“,

d.h. über ihre laufende Nummer, in Sekundenbruchteilen aufgefunden werden.

Der RAM-Speicher wird oft der Schreibtisch des Mikroprozessors genannt, weil die für seine Arbeit nötigen Daten und die Ergebnisse seiner Arbeit dort abgelegt werden. Wenn Sie mit Ihrem Textverarbeitungsprogramm einen Brief erfassen, so werden die von Ihnen eingegebenen Zeichen zunächst nur im RAM gespeichert. Erst Ihr ausdrücklicher Befehl, den Brieftext dauerhaft zu speichern (in WORD: ÜBERTRAGEN — SPEICHERN), erzeugt eine Kopie des RAM-Inhalts auf einem externen Speicher (z.B. Festplatte).

Die Sicherung auf ein festes Speichermedium ist eminent wichtig, da der RAM-Speicher aus Chips aufgebaut ist, die die in ihnen gespeicherten Informationen nur eine kurze Zeit behalten können und deren Informationsgehalt darum ständig wiederaufgefrischt werden muß. Dies geschieht durch Strom. Fällt der Strom aus, weil z.B. schlicht der Computer ausgeschaltet wird oder eine Störung aufgetreten ist, so sind sämtliche Informationen im RAM-Speicher unwiederbringlich verloren!

Auch wenn Sie die Arbeit mit einem Anwendungsprogramm beenden, wird der diesem Programm zugeteilte Speicherbereich wieder freigegeben — Ihr „Schreibtisch" wird „aufgeräumt" und jede noch vorhandene Information wird vollständig vernichtet. Denken Sie deshalb immer daran, noch benötigte Daten (Briefe, Kalkulationstabellen, Grafiken etc.) ausdrücklich zu sichern.

Den Rest des Zentralspeichers belegen sog. ROM-Bausteine. ROM bedeutet

☞ **R**ead-
Only
Memory.

Dieser Name weist darauf hin, daß dieser Speicher nur lesbar (=read-only) ist und nicht für die Aufnahme neuer, von Ihnen eingegebener Informationen gedacht ist. Vielmehr werden fest in den Chips eingebaute Informationen zur Verfügung gestellt, auf die der Mikroprozessor bei Bedarf zurückgreifen kann. (Er ist der Bücherschrank zu Ihrem Schreibtisch.) Diese Informationen können durch den Benutzer nicht gelöscht werden und gehen auch nach Ausschalten des Computers nicht verloren.

Der Monitor beispielsweise wird bei der Textverarbeitung durch einen ROM-Baustein unterstützt, der die Tastatureingaben unmittelbar in die entsprechenden Bildschirmzeichen übersetzt. Dem Baustein selbst sind diese Informationen von seiner Herstellerfirma eingebrannt worden.

Den wichtigsten ROM-Bestandteil Ihres Computers, der in der Regel aus zwei Chips besteht, haben Sie bereits kennengelernt, wenn Sie nur ein einziges Mal einen Computer eingeschaltet haben: das

ROM-BIOS

ROM-BIOS (= Basic Input Output System)

Beim Einschalten des Computers sorgen diese ROM-Chips u.a. dafür, daß die zentralen Hardware-Bestandteile des Computers getestet werden. Mikroprozessor, Speicher, Tastatur, Bildschirm u.a. werden beim Startvorgang auf ihre einwandfreie Funktionsfähigkeit durch das BIOS überprüft. Wird hier ein Fehler bemerkt, nimmt der Computer seine Arbeit erst gar nicht auf. Ist alles O.K., so startet das BIOS seine zweite zentrale Aufgabe — es lädt die notwendigen Bestandteile des Betriebssystems (vgl. das Kapitel über MS-DOS) in den Arbeitsspeicher und ermöglicht so die Kommunikation zwischen Benutzer und Computer. Erst danach wird die Systemsteuerung vom ROM-BIOS an das dann funktionsfähige Betriebssystem übergeben.

Sie sehen, daß das BIOS in unserer täglichen Arbeit mit dem Computer eine besondere Bedeutung hat. So hat auch die IBM den Nachbau der Hauptplatine Ihres PC jedem Interessenten gestattet, das verwendete BIOS jedoch unter Copyright gesetzt. Um die vielberufene IBM-Kompatibilität zu erlangen, mußte also das Original-BIOS nachprogrammiert werden. Je besser dies gelang, desto größer die Kompatibilität.

Durch die Art der verwendeten Chips werden technisch mehrere ROM-Bausteine unterschieden. Die beiden wichtigsten sind:

❶ Das **PROM** (Programmable/Programmierbares ROM): Hierbei können die Chip-Informationen von der Herstellerfirma des Computers einmal eingegeben, dann aber nicht mehr geändert werden. Sind Änderungen erforderlich, muß ein anderer Chip eingesetzt werden.

❷ Das **EPROM** (Erasable/Löschbares PROM): Hier können die eingebrannten Informationen durch UV-Bestrahlung gelöscht werden. Anschließend können neue Informationen eingegeben werden. Bei Änderungen ist so kein zusätzlicher Chip erforderlich.

Externe Speicher

Ihr Personal Computer ist von der Konzeption her modular aufgebaut. Das bedeutet, daß er individuellen Wünschen flexibel angepaßt werden kann. Dies geschieht über die sogenannten „Steckplätze“ (amerikanisch slots) auf der Hauptplatine Ihres Computers. Mit Hilfe der Steckplätze kommt über kleinere Platinen, meist Steckkarten genannt, eine Verbindung von externem Gerät mit dem Bussystem auf der Hauptplatine zustande. Diese Verbindung ist durch Einstecken der Karte und Festschrauben am Gehäuse auch für Laien einfach zu bewerkstelligen.

Typischerweise besitzt der Personal Computer heute zwei externe Speicher, die im Gehäuse der Zentraleinheit untergebracht sind, aber als eigenständige Geräte betrachtet werden müssen, weil sie über eine Steckkarte an das Bussystem auf der Hauptplatine angeschlossen werden müssen. Dies sind das Diskettenlaufwerk und die Festplatte. Sie dienen dem langfristigen, stromunabhängigen Speichern von Informationen.

Disketten

Disketten sind bei PC's nach wie vor das verbreitetste Medium zum Speichern von Massedaten. Sie sind billig, in jedem Kaufhaus zu erwerben, einfach zu benutzen und können für den Informationsaustausch problemlos transportiert werden.

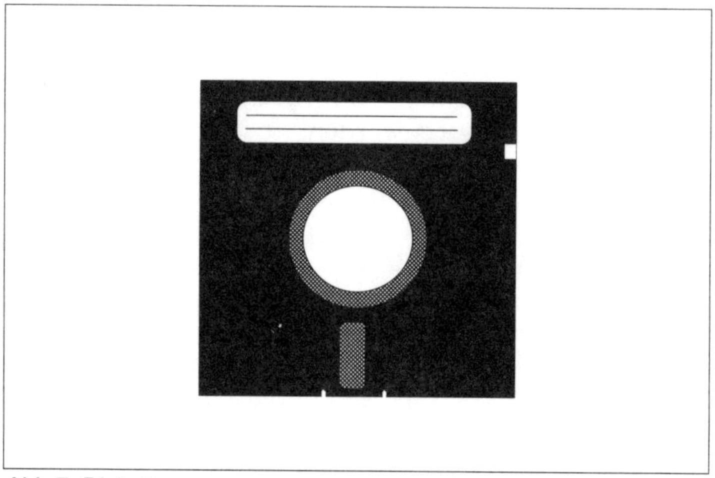

Abb.7: Diskette

Der eigentliche Informationsträger ist hier eine dünne, flexible Kunststoffscheibe („floppy"), die eine feine magnetisierbare Oberfläche aufweist. Die Magnetisierungsschicht ist durch ein Vlies von der äußeren Vinylhülle getrennt. Die Diskette selbst wird zusätzlich durch eine Papiertasche geschützt und darin aufbewahrt.

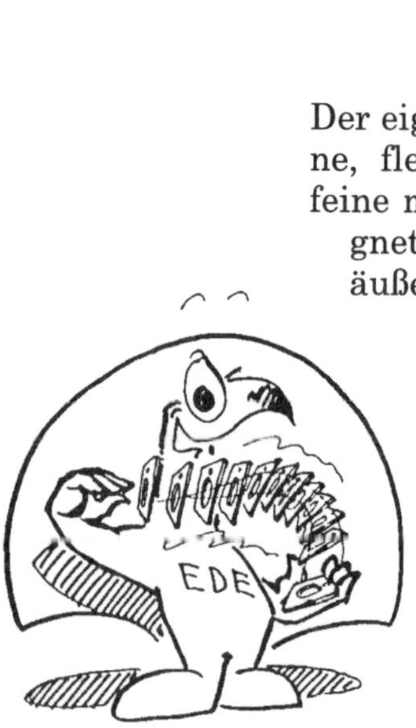

Wenn Sie die Diskette etwas näher betrachten, werden Sie mehrere Öffnungen finden. In die große Mittelöffnung greift der Motor des Diskettenlaufwerks und dreht die Scheibe. Dadurch können Informationen gespeichert und abgerufen werden.

Die ovale Öffnung kennzeichnet die Stelle, auf denen der sog. Schreib-Lese-Kopf des Diskettenlaufwerks vorhandene Informationen abtastet (er „liest“ die Diskette) oder neue Informationen überträgt (er „beschreibt“ die Diskette). Die kleine kreisförmige Öffnung ermöglicht den Zugriff auf das Indexloch, das eine Anfangsmarke für die Informationsübertragung setzt.

Um Informationen auf einer Diskette speichern zu können, ist es erforderlich, die Magnetisierungsschicht für die Aufnahme von Daten vorzubereiten. Diese Vorbereitung muß das Betriebssystem übernehmen, mit dem Ihr Computer arbeitet. Den Vorgang selbst nennt man „Formatieren“, d.h. die Magnetisierungsschicht in ein nutzbares Format einzuteilen. Das Betriebssystem MS-DOS unterteilt beim Formatieren die gesamte Diskette in konzentrische Spuren, wobei die einzelnen Speichersegmente Sektoren genannt werden. Die Einteilung in Spuren und Sektoren ermöglicht vor allem ein schnelles Wiederauffinden gespeicherter Daten, denn auch die Sektoren werden vom Betriebssystem durchnumeriert und können so direkt angesprochen werden.

Je nach Güte der Magnetschicht und Typ können Disketten unter MS-DOS unterschiedlich für die Datenaufnahme vorbereitet werden.

Folgende Diskettentypen sind heute weit verbreitet:

5 1/4 "	1S/1D	9	40	180 KB
5 1/4 "	2S/2D	9	40	360 KB
5 1/4 "	2S/HD	15	80	1,2 MB
3 1/2 "	2S/2D	9	80	720 KB
3 1/2 "	2S/HD	18	80	1,44 MB

Der erste Eintrag bezeichnet hier den Durchmesser einer Diskette, der standardmäßig in Zoll angegeben wird. Es folgt eine Angabe, wie viele Seiten angesprochen werden können (1S = 1 Seite) und welche Aufzeichnungsdichte vorhanden ist (DD = Double

Density, HD = High Density). In der 3. Spalte finden Sie die Anzahl der Sektoren pro Spur, in der nächsten die Anzahl der Spuren insgesamt. Den Abschluß bildet die Angabe der Speicherkapazität.

Festplatten

Das zweite externe Speichermedium, das in der Regel im PC bereits eingebaut ist, wird Festplatte (Harddisk, HDU) genannt. Eine Festplatte enthält mehrere eng übereinanderliegende Magnetplatten. Diese bestehen aus beschichtetem Aluminium und bieten so mehr Stabilität und höhere Aufzeichnungsdichten als Disketten. Sie sind in einem staubfreien Gehäuse eingebaut, denn kleinste Verunreinigungen könnten Daten unbrauchbar machen.

Auch Festplatten erlauben einen direkten Zugriff auf gespeicherte Informationen. Dieser Zugriff wird über den sogenannten „Zugriffskamm“ gesteuert. Der Zugriffskamm besteht aus mehreren fest verbundenen Schreib-Lese-Köpfen, die genau in die Plattenzwischenräume greifen und dort Informationen speichern oder lesen können. Da die Schreib-Lese-Köpfe hier genau übereinanderliegen, hat man sich eine etwas andere Speichereinteilung ausgedacht, den „Zylinder“ . Als Zylinder bezeichnet man die übereinanderliegenden Speicherspuren bei einer festen Position des Schreib-Lese-Kopfes. Die Speicherung kann so zylinderorientiert erfolgen, was die Bewegungen des Schreib-Lese-Kopfes reduziert und die Geschwindigkeit einer Festplatte erhöht.

Auch bei einer Festplatte ist das Formatieren vor Gebrauch unbedingt nötig (s. Anhang). Beim Formatieren werden allerdings neben Spuren und Sektoren auch die Zylinder eingerichtet. Derzeit gebräuchliche Festplattentypen weisen zwischen 615 und über 1000 Zylinder auf, verteilt auf zwei bis acht Plattenseiten mit einer Leistungsfähigkeit von 20 bis 180 Megabyte (Tendenz steigend). Da in einem PC auch mehrere solcher Festplatten eingebaut werden können, steht reichlich Speicherplatz zur Verfügung.

Die Leistungsfähigkeit einer Festplatte wird allerdings neben der Speicherkapazität auch nach der

Geschwindigkeit des Informationszugriffs beurteilt. Gute Festplatten weisen häufig durchschnittliche Zugriffszeiten von unter 30 Millisekunden (ms) auf, d.h. eine beliebige Information kann von einer beliebigen Speicherstelle in dieser Zeit zur Verfügung gestellt werden. Interessanterweise ist die Zugriffszeit bei höherer Speicherkapazität kürzer.

Bei Defekten, vor allem beim gefürchteten „Head-Crash“ (Berührung der Oberflächenbeschichtung durch den Zugriffskamm), und bei Bedienungsfehlern des Anwenders (unbeabsichtigtes Formatieren!) können schnell wichtige Informationen verloren gehen. Wenngleich die Festplatte also für die tägliche Arbeit an Ihrem PC unersetzlich ist, sollten wichtige Informationen beim professionellen Einsatz unbedingt mehrfach vorhanden sein. Hierzu bietet sich der zusätzliche Einsatz eines Backup-Speichermediums an.

BACKUP-Speichermedien

Unter BACKUP wird in der EDV die regelmäßig vorgenommene Datensicherung verstanden, die für den betrieblichen Einsatz des Computers heute unerläßlich ist. Vor allem wenn es darum geht, Sicherungskopien firmeninterner Geschäftsvorfälle zu verwalten, finden Backup-Speichermedien Anwendung. Dabei geht es vor allem darum, relevante Daten mindestens doppelt zur Verfügung zu haben, um im Falle von Defekten des regulären Speichermediums (in der Regel die Festplatte) die Informationen wiederherstellen zu können.

Im folgenden sollen die wichtigsten Backup-Medien vorgestellt werden:

Streamer

Ein Streamer, auch Tape-Streamer genannt, ist ein Band-Speichergerät, das meist neben dem Computer in einem eigenen Gehäuse zu finden ist, allerdings auch in das Gehäuse der Zentraleinheit direkt eingebaut werden kann. Den Namen haben diese Geräte daher, daß bei den ersten Typen Daten nur in einem

Zug komplett gesichert werden konnten und somit bei der Speicherung auf dem Streamer ein „Datenstrom“ bewegt wurde. Heute bieten Streamer auch die Möglichkeit, nur einzelne Dateien zu sichern.

Zur Datenspeicherung wird hier ein Magnetband in einer Kassette benutzt, deren Größe zwischen Video- und Audio-Kassette liegt. Die Kapazitäten einer solchen Kassette liegen zwischen 20 und 80 Megabyte, so daß die Daten der meisten Festplatten komplett auf einer Kassette Platz finden. Prototypen mit einem verbesserten Aufzeichnungsverfahren (der sog. Schrägspurtechnik, bei der die Informationen schräg zur Laufrichtung des Bandes gespeichert werden und so eine höhere Bandausnutzung und damit Informationsdichte erzielt werden kann) bieten allerdings bereits die Möglichkeit, auf einem DAT-Band eine Speicherkapazität von über einem Gigabyte zur Verfügung zu stellen!

Wenn in regelmäßigen Abständen größere Datenbestände gesichert werden müssen, lohnt es sich, den Anschaffungspreis für einen Streamer aufzubringen (ab 1000,— DM), da die Kassetten erheblich billiger sind als zusätzliche Festplatten (20 Megabyte Kassette: unter 100,- DM, 20 Megabyte Festplatte: nicht unter 500,- DM).

Da das verwendete Band wie bei einem Tonbandgerät am Schreib-Lese-Kopf vorbei transportiert wird, werden die Daten nacheinander vom Anfang bis Ende der Kassette auf- bzw. abgespielt. Man spricht hier von einer sequentiellen Aufzeichnungsart.

Im Sinne eines erhöhten Datenschutzes werden die kleinen Kassetten in der Regel in einem Safe aufbewahrt um sie vor Feuer, Wasser und Diebstahl zu schützen. Viele Geräte bieten zudem die Möglichkeit, eine Datensicherung zu einer vom Anwender gewünschten Zeit automatisch durchführen zu lassen, was die Informationssicherheit zusätzlich erhöht.

Bernoulli-Box

Dieses Speichermedium beruht auf einer Entdeckung des Schweizer Mathematikers Bernoulli, die den Festplatten-Head-Crash unmöglich macht: ein durch Unterdruck erzeugtes Luftpolster garantiert einen gleichbleibenden Abstand zwischen Schreib-Lese-Kopf und Magnetisierungsschicht. Die Vertreiber der Bernoulli-Box argumentieren denn auch vor allem mit der Informationssicherheit durch dieses Gerät. Sie bieten es daher auch als Festplattenalternative an, zudem es in das PC-Gehäuse eingebaut werden kann. Dennoch wird es vor allem als Backup-Medium eingesetzt.

Gegenüber dem Streamer bietet es den Vorteil eines direkten Zugriffs auf die gespeicherten Informationen. Die Zugriffszeiten liegen denn auch nahe bei den Zeiten, die eine Festplatte bieten kann (unter 100 Millisekunden).

Darüber hinaus sind die Bernoulli-Kassetten ebenfalls einfach auszuwechseln und zu transportieren. Allerdings liegen die angebotenen Kapazitäten (zwischen 10 und 40 Megabyte-Kassetten) deutlich unter denen moderner Streamer.

Magnetband

Nach diesem Einblick in die Gegenwart der Speichertechnologie soll abschließend zum Thema Backup-Speichermedien ein Rückblick in die Vergangenheit erfolgen. Die Computer der 60er- und 70-er Jahre — Großrechner und Rechner der Mittleren Datentechnik — benutzten zur Speicherung von Massendaten und damit auch zur Datensicherung nahezu ausschließlich das Magnetband. Auch heute noch wird es in der Groß-EDV angewandt.

Das Magnetband kann mit einem Tonband oder auch mit dem Streamer verglichen werden. Aufzeichnung und Datenzugriff erfolgen sequentiell, die Zugriffszeit ist entsprechend langsam (durchschnittlich mehrere Sekunden je nach Bandposition und Gesamtlänge). Im Bereich Personal Computer finden Magnetbänder so gut wie keinen Einsatz, da sie zu langsam und unhandlich sind.

Optische Speichermedien

Ein optisches Speichermedium ist Ihnen sicherlich bereits aus dem Alltagsleben vertraut, die Audio Compact-Disk, kurz CD genannt. Derzeit nur bespielt erhältlich, werden hier Informationen durch einen gebündelten Laserstrahl abgetastet. Diese Verfahren wird auch bei CD-ROM-Laufwerken angewendet.

Wie der Name ROM schon aussagt, können bei diesem Datenträger nur bereits gespeicherte Informationen abgerufen werden, hingegen keine neuen Daten hinzugefügt werden. Computer-Anwendungsgebiete beschränken sich daher weitgehend darauf, über einen längeren Zeitraum unveränderliche Informationen etwa als Wissensbasis zur Verfügung zu stellen. Die Firma Microsoft bietet z.B. die Komplett-Dokumentation zu Ihren Programmiersprachen als CD-ROM an. Auch die Bibel können Sie auf diesem Datenräger erwerben. Ähnliche Anwendungsgebiete sind die Sammlung von Gesetzestexten, Literaturverzeichnisse großer Bibliotheken oder auch die Ersatzteilkataloge von Fahrzeugherstellern.

Ein gutes Anwendungsbeispiel findet sich auch bei einer großen Luftfahrtgesellschaft, die die kompletten Checklisten und Reparaturhandbücher Ihrer Flugzeuge auf diese Weise zur Verfügung stellt. Die enorme Kapazität erlaubt hierbei auch das Abspeichern sämtlicher Abbildungen und Zeichnungen.

Als Backup-Speichermedium eignet sich das CD-ROM-Laufwerk allerdings selbstverständlich nicht. Hier ist eine weiterentwickelte Technik notwendig, wie sie u.a. das WORM-Laufwerk bietet. WORM bedeutet **W**rite **O**nce **R**ead **M**any Multiple, was soviel heißt wie: auf diesem Speichermedium dürfen Sie ein einziges Mal etwas speichern, die gespeicherten Informationen allerdings dann beliebig oft wieder abrufen. Allerdings ist auch WORM als ständiges Backup-Medium natürlich nicht zu gebrauchen.

Trotz enormer Speicherkapazitäten (auf einer CD finden an die 700 Megabyte Platz!) und hoher Zugriffsgeschwindigkeit von unter 1 Sekunde wird erst die beliebig wiederbeschreibbare optische Speicherplatte hier einen Durchbruch zum „normalen" Computer-Anwender bringen. Auf der CEBIT 1990 stellten Canon, Sony u.a. Prototypen vor, die auch im Hinblick auf die Anschaffungspreise eine ernsthafte Konkurrenz für einen Hochleistungsstreamer darstellen können.

So wird den optischen Speichermedien sicherlich die Zukunft gehören. Enorme Datenmengen lassen sich auf einem sehr ausfallsicheren Medium mit hohen Geschwindigkeiten übertragen und wiedergewinnen.

SCHNITTSTELLEN

Während die im Gehäuse der Zentraleinheit fest eingebauten externen Speicher direkt mit der Hauptplatine verbunden sind, benötigen die BACKUP-Speichermedien und erst recht die Eingabe- und Ausgabegeräte die Hilfe von Schnittstellen, um mit der Zentraleinheit kommunizieren zu können.

Eine Schnittstelle ist optisch meist durch eine Buchse im Gehäuse der Zentraleinheit mit dazugehörigem Stekker am jeweiligen Peripheriegerät gekennzeichnet. Jeder einzelne der sichtbaren Metallstifte (meist PINS genannt) überträgt dabei eine genau festgelegte Information, denn für eine reibungslose Kommunikation zwischen Rechner und Peripherie können nicht nur die Daten übertragen werden. Zusätzliche Steuersignale überwachen die Funktionsfähigkeit der beteiligten Geräte und die korrekte Datenübertragung. Fehlt etwa dem Drucker Papier oder ist ein Druckvorgang eingeleitet worden, ohne daß der Drukker eingeschaltet war, muß eine entsprechende Information über die Schnittstelle weitergegeben werden. Daraufhin erhalten Sie als Anwender eine entsprechende Bildschirmmeldung und können das Problem beheben.

Je nach Art der Datenübertragung werden die parallele und die serielle Schnittstelle unterschieden.

Die **parallele Schnittstelle** erlaubt eine byteweise Übertragung der Daten, d.h. 8 Bit können gleichzeitig übermittelt werden. Dafür stehen acht nebeneinanderlaufende Leitungen zur Verfügung. Die Datenübertragung kann auf diese Weise sehr schnell vorgenommen werden. Allerdings wird der Informationsverlust mit zunehmender Entfernung größer, so daß über parallele Schnittstellen nur sehr kurze Leitungswege überbrückt werden (bis 5 Meter). Typischerweise werden Drucker über die parallele Schnittstelle angesteuert.

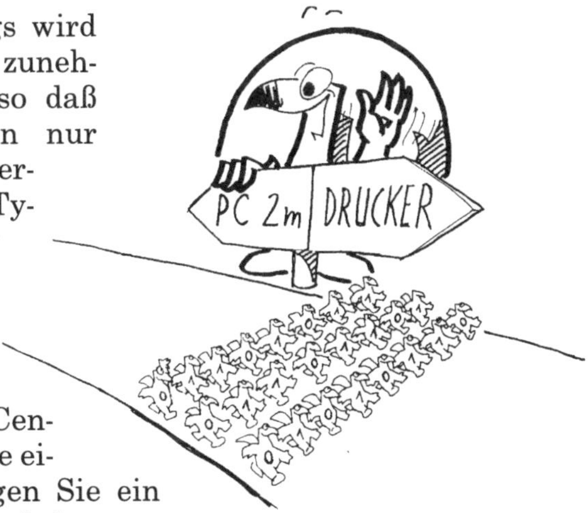

Als Standard für die parallele Schnittstelle gilt die sog. Centronics-Schnittstelle. Wenn Sie einen Drucker kaufen, benötigen Sie ein entsprechendes Verbindungskabel.

Die **serielle Schnittstelle** erlaubt nur eine bitweise Übertragung der Daten. Die acht Datenbits werden daher nacheinander übermittelt, meist von einem Start- und Stopbit umrahmt, die Anfang und Ende des Datenblocks signalisieren. Die Übertragungsgeschwindigkeit ist, bezogen auf die Information, dementsprechend deutlich geringer als bei der parallelen Schnittstelle, doch können größere Entfernungen hier problemlos überbrückt werden. So kann eine Kommunikation verschiedener Rechner untereinander (Netzwerk oder Terminalbetrieb) über die seriellen Schnittstellen vorgenommen werden.

Auch manche Eingabegeräte (z.B. die Maus s.u.) übergeben Ihre Informationen seriell an die Zentraleinheit.

Standards für die serielle Schnittstelle sind RS232C oder V.24. Achten Sie auch hier beim Kauf auf die Einhaltung eines Standards. Die Normierung verhindert hier wie bei der parallelen Schnittstelle Anschlußprobleme. Praktisch können Sie jedes Peripheriegerät von einem beliebigen Hersteller und beliebigen Händler beziehen — nur die Schnittstelle muß stimmen.

EINGABEGERÄTE

Als Eingabegeräte werden alle Hardware-Bestandteile bezeichnet, die der Datenerfassung dienen. Die wichtigsten sollen Sie im folgenden kurz kennenlernen.

Tastatur

Die Tastatur ähnelt äußerlich sehr stark der bekannten Schreibmaschine. Der mittlere Tastenblock entspricht denn auch der DIN-Norm und ermöglicht dem geübten Schreibmaschinenschreiber eine schnelle Informationsübermittlung an den Rechner.

Die PC-Tastatur sendet elektronisch eine Impulsfolge an den Computer, die für jede gedrückte Taste anders ist und so dem Rechner die Möglichkeit bietet, entsprechend eines Interpretationsschemas das entsprechende Zeichen auf dem Bildschirm auszugeben.

Voraussetzung für eine gelungene Informationsübermittlung ist also, daß die gedrückte Taste ihrer Aufschrift gemäß interpretiert wird. Hierfür ist das Betriebssystem des Computers zuständig. Es stellt Programme zur Verfügung, die das jeweilige Interpretationsschema für Tastaturen unterschiedlichster Nationalitäten mit all ihren Sonderzeichen (im Deutschen ä,ü oder ö) beinhalten.

Dem Interpretationsschema liegt der ASCII-Code zugrunde, die „Übersetzungs"-Programme werden Tastatur-Treiber genannt. Damit also unsere Tastatureingaben korrekt verstanden werden, muß der deutsche Tastaturtreiber aktiviert werden. Geschieht dies nicht, sehen Sie auf dem Bildschirm statt eines „Z" plötzlich ein „Y" und umgekehrt oder statt eines Bindestrichs einen Schrägstrich. Probieren Sie an Ihrem Personal Computer einmal die Tastenkombination <STRG>+<ALT>+<F1>. Sie können diesen Effekt nun selbst erleben. Mit der Tastenfolge

<STRG>+<ALT>+<F2> stellen Sie die richtige Ordnung wieder her.

PC-Tastaturen weisen meist eine Drei- oder sogar Vierteilung auf. In der Mitte ist der Schreibmaschinenblock mit den gewohnten Buchstaben und Ziffern.

Links daneben oder darüber befinden sich die sogenannten Funktionstasten. Sie sind alle durch ein „F" gekennzeichnet und durchnumeriert. Die Bedeutung der Funktionstasten kann von den Anwendungsprogrammen selbst bestimmt werden.

Mit der Taste <F1> können Sie im Betriebssystem MS-DOS die zuvor eingegebene Befehlsfolge zeichenweise wieder abrufen, in WORD können Sie über diese Taste zwischen Bildschirmausschnitten hin- und herwechseln, in TURBO-PASCAL aktiviert sie die Hilfe-Funktion.

Der rechte Bereich einer Tastatur ist meist dem Rechenblock vorbehalten, einer kleinen Rechenmaschine für längere Zahleneingaben. Sie muß durch die <num>-Taste aktiviert werden. Ansonsten können auch über den Rechenblock Kommandos zur Bildschirmsteuerung eingegeben werden. Die Pfeiltasten geben darin die Richtung an, in der das hervorgehobene Rechteck, der Cursor, am Bildschirm wandert - die Tasten zur Cursorsteuerung sind oftmals noch in einem separaten Viererblock auf der Tastatur untergebracht.

Die Tasten <EINFG> bzw. <LÖSCH> ermöglichen das Einfügen bzw. das Löschen eines Zeichens.

Von besonderer Bedeutung sind in vielen Anwendungsprogrammen die Tasten <STRG> (=Steuerung) und <ALT> (=alternate, ändern). Sie werden nur zusammen mit anderen Tasten aktiv und ändern die Bedeutung der zusätzlich gedrückten Taste. In WORD bedeutet etwa die Kombination <ALT>+<F>, daß ein markierter Textbereich fettgedruckt wird. Die Kombination <STRG>+<ALT>+<EINFG> bedeutet z.B. unter MS-DOS einen Neustart des Computers.

Bei Tastaturen sind also — anders als bei der Schreibmaschine — mehr als nur Groß- und Kleinbuchstaben zu unterscheiden. Jede Taste kann von entsprechenden Programmen mit bis zu vier verschiedenen Bedeutungen belegt werden — normaler Tastendruck, Taste plus Hochstelltaste (Pfeil nach oben oder „SHIFT“), Taste plus <ALT> und Taste plus <STRG>.

Tastaturen werden so zu sehr flexiblen Eingabeinstrumenten nicht nur von Daten, sondern auch von Kommandos. Sie sind für den PC-Betrieb unverzichtbar.

Maus

Vor allem im Bereich Computergrafik und professioneller Text-Gestaltung hat ein anderes Eingabegerät zunehmend an Bedeutung gewonnen: die wegen ihres Aussehens so genannte Maus. Dies überrascht, wenn man bedenkt, daß die Maus keine Schöpfung der IBM oder überhaupt der MS-DOS-Welt ist, sondern vom großen Entwicklungskonkurrenten APPLE eingeführt wurde.

Über eine Einsteckkarte und einen Kabelanschluß an die serielle Schnittstelle mit dem Bussystem der Zentraleinheit verbunden, erlaubt es dieses Gerät, Bildschirmpositionen direkt anzusprechen. Der Mauszeiger bietet hierbei gleich dem Cursor eine optische Orientierungshilfe über die augenblicklich angesprochene Position. Durch Bewegen der Maus auf der Arbeitsplatte wird die Position des Mauszeigers entsprechend verändert. Durch Druck auf eine der zwei oder drei vorhandenen Maustasten kann ein Kommando aktiviert werden — dieser Tastendruck wird „Klikken“ genannt.

Wenn Sie eine Maustaste festhalten und die Maus dabei bewegen, so wird vom „Ziehen“ gesprochen. Beim Ziehen der Maus können Sie etwa Textbereiche genau markieren oder grafische Objekte am Bildschirm gezielt verändern.

Die Maus ist seit ihrer Einführung als Eingabemedium ungeheuer populär geworden, zumal sie recht billig zu erwerben ist (ab ca. 100,-DM mit Einsteckkarte). Die meisten professionellen Computer-Arbeitsgebiete inklusive Textverarbeitung unterstützen daher heute die Eingabe über eine Maus — für viele Anwendungen ist sie bereits unverzichtbar geworden (CAD oder Desktop Publishing).

Scanner

Scanner sind nicht so universelle Eingabegeräte wie die beiden zuvor geschilderten, sondern spezialisiert auf das Erfassen von Text- oder Grafikvorlagen. Diese Vorlagen, z.B. ein Foto, können über das Gerät abgetastet (engl. scan = abtasten) und in digitaler Form im Computer gespeichert werden. Ziel ist es entweder, die so erhaltene Grafik in einen Text zu montieren, oder, die Grafik anschließend manuell zu verändern (Form, Perspektive) bzw. zu ergänzen. Beim Abtastverfahren werden die Bildinformationen in einzelne schwarze oder weiße Bildpunkte übersetzt. Die Aufrasterung dieser Punkte in wiederum kleine schwarze oder weiße Einheiten erlaubt es auch, sog. Grauwerte zu übernehmen. Je nach Leistungsfähigkeit des Scanners und der Software für dessen Betrieb (Kostenfrage) entspricht die Schärfe des Computerbildes mehr oder weniger dem Original. Die Technik wird allerdings auch hier permanent weiterentwickelt und Scanner mit sehr hoher Informationsauflösung — was sehr genauer Wiedergabe entspricht — oder gar Farberfassung sind im Anmarsch.

Scanner sind meist Tischgeräte etwa von der Größe eines Druckers. Die Vorlage kann automatisch eingezogen werden oder wird auf eine Glasfläche gelegt und dann abgetastet — die digitalisierte Information direkt im angeschlossenen Computer gespeichert. Während diese Scanner ab 3000,- DM zu haben sind, finden sich zunehmend sog. Handy Scanner. Diese Scanner werden von Hand über die Vorlage geführt und tasten dabei bis zu 10 oder 15 cm Breite ab.

Bringen Scanner im Bereich der Grafikverarbeitung schon heute hervorragende Ergebnisse, so hinkt die Texterfassung hier noch etwas zurück. Während ein

Scanner üblicherweise eine Vorlage, also auch Text, in eine Bildinformation übersetzt (jeder Bildpunkt ist ein Bit), wünscht man sich den intelligenten Scanner, der Texte auch als Texte erkennt und so aufnimmt, daß sie später in der Textverarbeitung verwendet werden können. Diese Intelligenz stellt die sog. OCR-Software (Optical Character-Recognition = optische Buchstabenerkennung) zur Verfügung. Die noch zugegebenermaßen teure Software ist in der Lage, verschiedene Schriften und -größen sogar in unterschiedlichen Sprachen zu erkennen und zu verarbeiten. Nach einer gewissen Einarbeitungszeit liegen die Trefferquoten für diese Buchstabenerkennung durchaus schon über 95%.

Lichtgriffel und Digitalisiertablett

Lichtgriffel und Digitalisiertablett sind Eingabegeräte für Anwender, die bereits vor dem Einzug des Computer-Zeitalters den Umgang mit dem Zeichenstift erlernt haben und diesen auch nicht mehr missen möchten — Ingenieure, Architekten, Konstrukteure etc..

Der Lichtgriffel hat die Form eines normalen Stiftes, arbeitet allerdings mit einem berührungsempfindlichen Bildschirm. Durch das Berühren des Bildschirms können mit dem Lichtgriffel Bildschirmobjekte gezielt verändert werden (Farbe, Position etc.). So wird sehr flexibel und effektiv gearbeitet.

Beim Digitalisiertablett hat der Anwender auf seinem Arbeitsplatz eine Fläche zur Verfügung, auf der exakt die Größe des Bildschirms (plus einiger Zusatzfunktionen) abgebildet ist. Auch hier wird mit einem Stift oder einer Lupe gearbeitet. Anstatt über den Bildschirm erfolgt die Steuerung über das Tablett. Ein geübter Zeichner kann hier etwa Figuren zeichnen und seine handwerklichen Fertigkeiten voll ausnutzen. Während des Zeichnens auf dem Tablett werden die dort vollzogenen Stiftbewegungen dem Computer übermittelt und am Bildschirm angezeigt. Auf diese Weise lassen sich z.B. auch Umrisse von vorhandenen Zeichnungen oder Bildern digitalisieren.

Lichtgriffel und Digitalisiertablett sind sicherlich professionelle Geräte, die nur bei speziellen Anwendungsgebieten nützlich sind. Sie zeigen allerdings die Bandbreite, die heutige Computertechnik bereits erreicht hat.

AUSGABEGERÄTE

Als Ausgabegeräte werden Hardware-Komponenten bezeichnet, die der Datenausgabe dienen. Die beiden wichtigsten sind der Bildschirm und der Drucker.

Bildschirme und Grafikkarten

Das wichtigste Ausgabemedium ist sicherlich der Bildschirm. Über ihn bekommen wir nicht nur Ergebnisse unserer Arbeit mitgeteilt, sondern können meist auch deren Entstehen direkt mitverfolgen. Vor allem Eingabefehler können über den Bildschirm direkt und spurlos korrigiert werden, was die Arbeit am Computer nicht nur für die Textverarbeitung erheblich erleichtert.

Um dies so effektiv wie möglich zu machen, ist eine ausgeklügelte Technik erforderlich. Sie umfaßt nicht nur den Monitor, sondern vor allem die Steckkarte, über die der Monitor mit der Zentraleinheit verbunden ist. Diese Steckkarte wird Grafikkarte genannt. Die Grafikkarte kommuniziert direkt mit dem Mikroprozessor auf der Hauptplatine — von ihm empfängt sie die darzustellenden Informationen.

In einem speziellen ROM-Speicherbereich enthält sie Informationen darüber, wie bestimmte Buchstaben auf dem Bildschirm erzeugt werden können, erhält für freie Grafiken die Informationen zu deren Gestaltung vom Mikroprozessor und erzeugt in beiden Fällen die notwendigen Operationen für die korrekte Steuerung des Elektronenstrahls.

Grafikkarte und Monitor müssen jedoch zusammenpassen, damit sie sich optimal ergänzen. Ein hochleistungsfähiger Farbmonitor lohnt die teure Anschaffung nicht, wenn Sie eine nicht farbfähige Grafikkarte in Ihrem Computer benutzen. Unter Umständen können Sie dem Monitor dann überhaupt kein Bild entlocken.

Der technische Bildaufbau vollzieht sich beim Bildschirm wie beim Fernsehgerät über eine entprechende Bildröhre, die durch Ablenken von Elektronenstrahlen einzelne Bildpunkte auf einer leuchtfähigen Schicht (Phosphor) zum Leuchten bringt, während andere vom Elektronenstrahl nicht getroffen werden und der Bildschirm deshalb an dieser Stelle dunkel bleibt.

Wenn Sie Ihren Bildschirm einmal von nahem betrachten, werden Sie feststellen, daß die einzelnen Buchstaben immer aus kleineren Lichtpunkten zusammengesetzt sind. Diese Lichtpunkte werden „picture elements" (= Bildelemente) oder abgekürzt „Pixel" genannt. Selbst der schlechteste Monitor muß davon immerhin 64000 ansprechen können, hochleistungsfähige Grafikmonitore über eine Million!

Allgemein werden monochrome (=einfarbige) und Farb-Bildschirme eingesetzt. Bei monochromen Bildschirmen, auch kurz TTL-Monitore genannt, können Sie zwischen grünem, amber (=Bernstein) und paperwhite (=Weiß) Vordergrund auf jeweils schwarzem Hintergrund wählen. Farbbildschirme unterscheiden sich durch die Anzahl der zur Verfügung stehenden Farben und der Auflösung, was wesentlich durch die Art der verwendeten Grafikkarte mitbestimmt wird, die weiter unten näher erläutert werden. Farbbildschirme werden auch RGB-Monitore genannt. Nach dem Prinzip der additiven Farbmischung können aus den drei Grundfarben **R**ot, **G**rün und **B**lau von Weiß und Hellgelb bis zu Dunkelgrau und Schwarz eine Vielzahl von Farben gemischt werden.

Bildschirme stehen in unterschiedlichen Größen zur Verfügung. Standards sind hier Bildschirmdiagonalen von 12 oder 14 Zoll. Sie ermöglichen die Darstellung von 25 Bildschirmzeilen und 80 Zeichen in einer Zeile. Einer Druckseite von 66 Zeilen (DIN-A4) entsprechen also nahezu drei Bildschirmseiten. Für die professionelle Layoutgestaltung wurden daher sog.

Ganzseitenbildschirme mit einer Diagonalen von 19 Zoll oder mehr entwickelt. Durch verkleinerte Zeichengrößen können dann ganze Druckseiten auf einmal in den Blick genommen werden.

Ein wichtiges Qualitätsmerkmal eines Monitors ist die Wiederholfrequenz für den Bildschirmaufbau. Tatsächlich erzeugt der Elektronenstrahl das Bild mehrmals in einer Sekunde jeweils komplett neu, ohne daß dies wegen der Trägheit des menschlichen Auges von uns bemerkt würde. Dadurch können Änderungen der Bildschirmdarstellung, z.B. durch fortgesetzte Tastatureingaben, unmittelbar auf dem Bildschirm nachgestaltet werden. Ist die Wiederholfrequenz zu niedrig, so kann es jedoch zu einem Flimmereffekt kommen. Je höher die Wiederholfrequenz, desto stabiler das Bild. Ergonomisch gesehen ist eine Bildwiederholung von mindestens 70 mal in der Sekunde empfohlen, dies entspricht der Meßgröße von 70 Hertz. Aus Sicht all derer, die täglich vor einem solchen Gerät arbeiten müssen, ist es bedauerlich, daß diese Marke bisher nur von wenigen Geräten erreicht wird.

Man unterscheidet folgende typische Grafikkarten.

❶ CGA (COLOR GRAPHICS ADAPTER)

Die CGA-Karte der IBM war die erste farbfähige Grafikkarte für den PC. Über diese Karte kann bei höchster Auflösung der Bildschirm in 640 waagerechte und 200 senkrechte Bildpunkte aufgeteilt werden. Dabei können dann aus einer möglichen Palette von 16 Farben maximal 2 gleichzeitig auf dem Bildschirm benutzt werden.

Die CGA-Karte wird in PC's der unteren Preisklassen noch immer eingesetzt, gilt aber inzwischen als veraltet.

❷ HERCULES

Die Hercules-Karte ist die einzige weitverbreitete Grafikkarte, die nicht von IBM entwickelt wurde.

Sie deckt heute den gesamten Bereich monochromer Bildschirme ab und ist dabei in der Lage, für den Aufbau von Grafiken jeden der möglichen 720 x 348 Bildpunkte gezielt anzusprechen. Für den Büroalltag ist diese Karte im Prinzip ideal, wenn keine Farbunterscheidungen erforderlich sind, also bei den Standardanwendungen von Textverarbeitung, Tabellenkalkulation und Datenbank.

Wollen Sie allerdings zukunftsorientiert weitergehende Möglichkeiten der Anwendungsprogramme und Betriebssysteme nutzen, so wird eine Hercules-Karte nicht mehr ausreichen.

❸ EGA (ENHANCED GRAPHICS ADAPTER)

Die EGA-Karte gilt mittlerweile als Mindest-Standard für professionelle PC-Systeme. Sie ermöglicht eine Bildschirmauflösung von 640 x 350 Bildpunkten und mehr. Die Auflösung ist hier zwar schlechter als bei der Hercules-Karte, dafür bietet eine EGA-Karte allerdings volle Farb-Fähigkeit. Aus einer Palette von 64 Farben können maximal 16 für Farbmischungen ausgewählt werden.

❹ VGA (VIDEO GRAPHICS ARRAY)

VGA wurde 1987 von IBM bei der Vorstellung der neuen PS/2-Modellreihe eingeführt und wird die EGA-Karte als Industriestandard ablösen. Sie bietet eine Maximalauflösung von 640 x 480 Bildpunkten. Das wirklich Neue an dieser Grafikkarte ist allerdings, daß Signale nicht mehr wie bei den drei genannten Vorgängertypen digital an den Monitor gesandt werden, sondern analog. Das hat zur Folge, daß Farben stärker gemischt werden und darum Schattierungen und Übergänge besser gestaltet werden können. So sind 256 Farbdarstellungen aus einer Palette von 262144 Farben gleichzeitig auf dem Bildschirm möglich. Hierzu ist allerdings ein spezieller Analog-VGA-Monitor erforderlich.

❺ 8514/A

Für professionelle Anwender in den Bereichen Computergrafik, Bildschirmanimation und PC-gestützte Konstruktion bietet IBM seit neuestem den 8514-Adapter an. Er charakterisiert eine neue Entwicklung im Bereich von Grafikkarten.

Zum einen besitzt er einen eigenen, auf die Bildschirmsteuerung spezialisierten Mikroprozessor. Dadurch wird der systemeigene Mikroprozessor von dieser Aufgabe entlastet und das Gesamtsystem erzielt eine wesentlich höhere Arbeitsgeschwindigkeit.

Zum anderen verfügt diese Grafikkarte über einen eigenen RAM-Speicher zwischen 512 Kilobyte und 1 Megabyte! Damit lassen sich bei einer Bildschirmauflösung von 1024 x 768 Bildpunkten maximal 256 aus 262144 Farben gleichzeitig darstellen. Zum Vergleich: eine EGA-Karte benötigt je nach Typ einen eigenen RAM-Speicher von 32 bis 64 Kilobyte.

Drucker

Neben dem Bildschirm sind Drucker die verbreitetsten Ausgabegeräte. Fast jede PC-Konfiguration ist mit einem eigenen Drucker ausgerüstet.

Auch Drucker werden natürlich elektronisch gesteuert. Dazu sind sie mit einem Kabel an die parallele oder — seltener — an die serielle Schnittstelle der Zentraleinheit angeschlossen. Jeder Drucker verfügt über eine Steuerungslogik für den Druckkopf bzw. das Druckwerk. Ein eigener, meist recht kleiner RAM-Speicher sorgt für eine Zwischenspeicherung der vom Computer übermittelten Daten. Diese ist nötig, weil der Mikroprozessor der Zentraleinheit Daten natürlich extrem schnell bereitstellen kann, während der Druckvorgang selbst erheblich mehr Zeit benötigt. Daneben kann nahezu jeder Drucker auf mehrere, in einem ROM-Baustein fest gespeicherte Zeichensätze zurückgreifen, die Informationen über die Art der Zeichendarstellung enthalten.

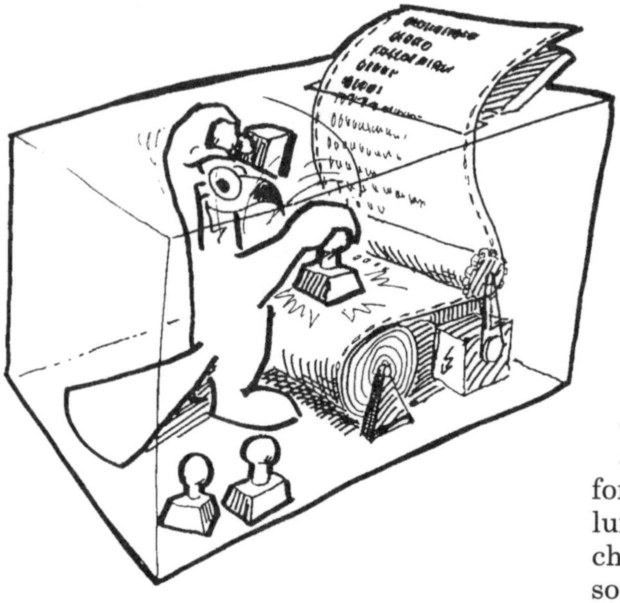

Für Sie als Anwender ist natürlich sehr wichtig, daß auch die Zusammenarbeit mit verwendeten Programmen einwandfrei klappt. Hierzu bieten Standard-Anwendungsprogramme wie WORD, LOTUS 1-2-3, CHART etc. meist eine Fülle sog. Drucker-Treiber an, die dafür sorgen, daß der benutzte Drucker auch mit den richtigen Informationen zur Darstellung etwa der Sonderzeichen oder von Grafiken versorgt wird. Bei der Installation des Programms brauchen Sie lediglich anzugeben, mit welchem Drucker aus einer vorgeschlagenen Liste Sie arbeiten wollen. Das zugehörige Treiberprogramm wird dann automatisch zur Verfügung gestellt.

Neben den hier kurz dargestellten Gemeinsamkeiten unterscheiden sich heute gebräuchliche Drucker natürlich auch in vielfältiger Weise voneinander. Ein wesentliches Unterscheidungsmerkmal ist die technische Verwirklichung des Druckvorgangs.

❶ TYPENRADDRUCKER

Das einfachste Prinzip verfolgt hier der Typenraddrucker. Vergleichbar mit einer elektrischen Typenrad-Schreibmaschine werden Typenräder eingesetzt, die nach einem Impuls des Rechners mechanisch eine Drucktype auf das vorbeilaufende Farbband hämmern.

Dies geht natürlich schneller als bei der Schreibmaschine, ist jedoch für Computer-Verhältnisse relativ langsam. Daneben ist der Druckvorgang entsprechend laut.
Zwar erreicht man mit Typenraddruckern

Schreibmaschinenqualität des Ausdrucks, doch muß dies mit dem Nachteil erkauft werden, daß keine Grafiken ausgedruckt werden können. Auch die möglichen Schriftarten sind durch die Anzahl zur Verfügung stehender Typenräder begrenzt. In der Praxis wird man verschiedene Schriften nicht in einem Text mischen können. Für Hervorhebungen stehen nur Fettdruck und Unterstreichungen zur Verfügung. Dies entspricht kaum mehr den Anforderungen der Praxis. So sind Typenraddrucker zwar relativ preiswert, finden im PC-Bereich jedoch immer weniger Anwendung. Das liegt auch daran, daß die technologische Konkurrenz sowohl in der Druckqualität aufgeholt als auch in der Flexibiltät beim Einsatz vorhandener Mittel (Grafiken, Schriftarten etc.) entscheidenden Vorsprung gewonnen hat.

❷ Nadel-Matrixdrucker

Die sicherlich heute gebräuchlichsten Drucker sind die Nadel-Matrix-Drucker. Sie erzeugen ein Druckbild, indem kleine Nadeln, aus denen der Druckkopf besteht, auf ein Farbband geschossen werden. Ein solcher Druckpunkt ist etwa mit einem Pixel bei der Bildschirmsteuerung zu vergleichen — er allein kann noch kein Zeichen darstellen. Buchstaben oder andere Zeichen werden gedruckt, indem mehrere Nadeln zusammen eine sog. Zeichenmatrix bilden. Sie besteht je nach Drucker aus 8 x 14, 9 x 16 oder gar 18 x 24 Punkten. Je mehr Punkte eine Zeichenmatrix bilden, desto besser ist der Ausdruck.

Die meisten heute angebotenen Nadel-Matrix-Drucker sind mit 9 oder 24 Nadeln ausgestattet und ermöglichen immer das Anfertigen von Durchschlägen. Für ein professionelles Schriftbild ist ein 24-Nadel-Drucker nötig. Er bietet immer eine NLQ-Option (= Near-Letter-Quality, gutes Schriftbild), meist kann er sogar mit LQ (= Letter Quality, sehr gutes Schriftbild) betrieben werden.
9-Nadel-Drucker werden betriebsintern oder für

Testdrucke benötigt. Ihr Standard-Betriebsmodus heißt DRAFT (=Entwurf) und bietet keine gute Druckqualität, arbeitet aber sehr schnell.

Nadel-Matrix-Drucker sind voll grafikfähig und können in einem Text unterschiedliche Schriftarten darstellen. Die mechanische Zeichenerzeugung und die enorme Druckgeschwindigkeit bedingen leider einen hohen Geräuschpegel. Dafür sind diese Drucker auch bereits ab 300,- DM zu haben!

Etwas mehr (ab 1000,- DM) müssen Sie allerdings schon anlegen, wenn Sie auf Farbdarstellungen nicht verzichten wollen. Hierzu wird ein dreigeteiltes Farbband mit den aus dem Malkasten vertrauten Grundfarben der subtraktiven Farbmischung (gelb, rot, blau) angeboten, dessen Farb-Variationsfähigkeit allerdings vergleichbar gering ist. Die ungleichmäßige Abnutzung des Farbbandes bedingt daneben einen häufigen Farbbandwechsel.

Die meisten Nadel-Matrix-Drucker unterstützen zwei Standards für die Zeichenerzeugung: IBM (graphics printer oder proprinter) und EPSON (FX oder LQ). Der IBM-Standard nutzt den gesamten erweiterten ASCII-Zeichensatz inklusive der Grafikzeichen, der EPSON-Standard greift auf eigene Grafikzeichen zurück und muß für die Darstellung der deutschen Sonderzeichen einige Zeichen umdefinieren, so daß beim deutschen EPSON-Zeichensatz eckige oder geschweifte Klammern nicht gedruckt werden können.

Zeichensatzstandard, gewünschte Papierlänge für Einzelblatt- oder Endlospapierdruck, Druck auf schmalem oder breiten Papier und ähnliche Voreinstellungen müssen Sie dem Drucker vor Inbetriebnahme mitteilen. Üblich ist dazu heute ein Verfahren, das durch die Bedienungstasten des Druckers aktiviert wird und Ihnen die Einstellung des Druckers in einem Frage-und-Antwort-Verfahren erlaubt. Bei älteren Modellen ist es häufig erforderlich, hierzu Miniaturschalter — sog. Dipschalter — in eine vom Hersteller vorgeschriebene Position zu bewegen. Beide Verfahren sind leider nicht standardisiert — für genauere Angaben müssen Sie das jeweilige Drucker-Handbuch zu Rate ziehen.

❸ Thermo-Transfer-Drucker

Thermo-Transfer-Drucker sind technisch sehr aufwendig und daher relativ teuer. Hierbei wird die zu druckende Information durch Aufschmelzen auf das Papier gebracht. Auf das anfangs recht teure Spezialpapier kann heute verzichtet werden.

Die Drucker sind voll grafikfähig und sehr leise, da kein mechanischer Druckvorgang stattfindet. Auch die Qualität des Ausdrucks ist hervorragend, wenngleich die Ausdruckgeschwindigkeit eher gering ist. Durchschläge können nicht angefertigt werden.

Ihren zukünftigen Markt werden Thermotransfer-Drucker im Bereich der Farbdarstellung gewinnen — durch drei-viermaliges Aufschmelzen von Farbschichten pro Seite werden ausgezeichnete Mischungsverhältnisse und ein hoher Deckungsgrad erreicht. Auch farbige Overhead-Folien können so in qualitativ hochwertiger Form erstellt werden. Allerdings ist dieses Vergnügen nicht sehr preiswert — unter 10000,-DM ist kein farbfähiger Thermotransferdrucker zu bekommen.

Leider unterstützen bisher erst wenige Anwendungsprogramme farbige Thermotransferdrucker.

❹ Tintenstrahldrucker

Außerordentlich leise und mit hoher Druckqualität (300 x 300 Punkte pro Zoll) arbeiten Tintenstrahldrucker. Hierbei werden aus winzigen Keramikdüsen Tintentropfen aufs Papier gespritzt. Damit die Tinte nicht verläuft oder die Düsen verstopft werden, ist eine spezielle Tinte erforderlich. Bei manchen Geräten wird der gesamte Druckkopf ausgetauscht, wenn der Tintenvorrat zu Ende ist, um einem Verstopfen der Düsen vorzubeugen. Bei anderen Geräten werden jedoch lediglich die Tintenpatronen ausgetauscht.

Tintenstrahldrucker sind ebenfalls voll grafikfähig, allerdings ist die Druckgeschwindigkeit auch hier nicht sehr hoch.

Professionelle Geräte kosten derzeit leicht um die 2000,- DM.

Auf dem künftigen Markt für Farbdrucker bilden Sie die direkte Konkurrenz zu den Thermotransfer-Druckern. Über die Düsen sind Farbmischungen sehr genau zu regulieren, wobei verschiedene Tinten verwendet werden. Durch die Spritztechnik sind bis zu 280000 Farbnuancen möglich! Dafür müssen Sie allerdings einige Minuten warten, bis Ihre Grafik komplett auf einer DIN-A4-Seite fertiggestellt worden ist. Farbfähige Tintenstrahldrucker sind bereits unter 10000,- DM erhältlich.

❺ Laserdrucker

Laserdrucker sind reine Seitendrucker, d.h. vor dem Ausdruck muß die komplette Druckseite im Speicher aufgebaut werden. Das hängt mit dem zugrundeliegenden technischen Prinzip zusammen, das dem Fotokopierverfahren ähnelt. Eine negativ aufgeladene Trommel wird z.B. durch einen Drei-Punkt-Laserstrahl Punkt für Punkt entladen, bis die komplette Druckseite wie ein Negativ auf der Trommel erstellt wurde. Anschließend wird die Trommel am Toner vorbeigeführt. An den vom Laserstrahl entladenen Stellen bleibt der Toner haften und schwärzt anschließend das Papier entsprechend ein. Dies ermöglicht eine sehr hohe Druckauflösung (300 x 300 Punkte pro Zoll) und einen tiefschwarzen, perfekten Ausdruck. Auch dieser Druckvorgang ist sehr leise.

Mehrfachausdrucke derselben Seite sind extrem schnell. Wollen Sie allerdings einen mehrseitigen Brief ausdrucken, so muß jede einzelne Seite wie oben beschrieben aufgebaut werden.

Laserdrucker sind in Grundausstattung bereits ab 3000,- DM zu haben. Zu bedenken ist allerdings, daß pro DIN-A4 Seite bei optimaler Auflösung 8 Millionen Punkte angesprochen werden müssen! Bei einer Speicherplatzbelegung von einem Bit pro Punkt ist rund 1 Megabyte RAM-Speicher für den Aufbau einer Druckseite im Drukker erforderlich! Professionelle Laserdrucker arbeiten deshalb mit einem eigenen Mikroprozessor als Steuerungseinheit und mindestens 2 Megabyte freiem RAM-Speicher, was die tatsächlichen Anschaffungskosten erhöht.

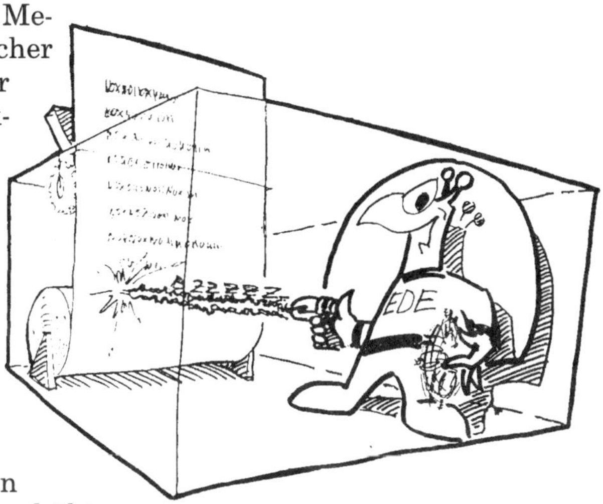

Profesionelle Grafik- und Layoutprogramme benutzen eine eigene Programmiersprache für die Steuerung des Seitenaufbaus, die sich deshalb auch Seitenbeschreibungssprache nennt. Auf Ihrer Grundlage ist sowohl Laser-Ausdruck wie Fotosatz möglich, was die Entwicklung von Druckvorlagen von Büchern etc. erheblich vereinfacht und Kosten spart. Um den Rang eines Standards für die Seitenbeschreibungssprache streiten sich derzeit POSTSCRIPT, die von IBM und APPLE favorisiert wird, und PRESCRIBE, das vom Laser-Drucker-Professional Kyocera unterstützt wird.
Der Name Laserdrucker trifft bei den heute angebotenen Seitendruckern häufig nicht mehr zu, da

sich Laser in der Praxis als zu störanfällig erwiesen haben. Viele dieser Drucker arbeiten daher nun mit einem anderen Prinzip , das aber ebenfalls auf Licht beruht:

- ☞ LED (=Light Emitting Diode) — hier wird die Trommel von 2432 bzw. 3456 Leuchtdioden entladen.
- ☞ LCS (=Liquid Crystal Shutter) — hier wird die Trommel durch eine abgeschirmte, starke Leuchtröhre mit ca. 2500 lichtdurchlässigen Gattern entladen.

❻ Plotter

Plotter, auch Kurvenschreiber genannt, werden ebenfalls für die Datenausgabe auf Papier eingesetzt, unterscheiden sich aber von Druckern erheblich. Zum einen benutzen Sie statt Druckköpfen Farbstifte, die in einer Halterung übers Papier bewegt werden und auf diese Weise sehr saubere Rundungen und eine exakte gerade Linienführung erlauben. Zum anderen können Sie statt des druckerüblichen DIN-A4 oder bestenfalls DIN-A3-Formats Papiergrößen bis zu DIN-A0 für die Ausgabe benutzen.

Sie eignen sich daher vorzüglich für Konstruktionszeichnungen und Baupläne, die eine hohe grafische Genauigkeit bei entsprechendem Format benötigen.

Allgemein werden Flachbett-, Trommel- und Reibungsplotter unterschieden. Flachbettplotter werden auf einen Tisch gelegt, weil sie eine plane Fläche benötigen. Trommelplotter hingegen benutzen gelochtes Endlospapier, das über eine Trommel geführt wird. Bei Reibungsplottern wird das Papier über eine aufgerauhte Rolle geführt, die ein Verrutschen des Papiers verhindert.

Lernkontrollfragen

1. Was versteht man unter dem Begriff „Hardware“?

✍ ____________________

2. Unterteilen Sie die Hardware-Komponenten Ihres PCs nach dem EVA-Prinzip:

Eingabe:

Verarbeitung:

Ausgabe:

3. Was ist eine CPU? Was leistet die CPU im Computer?

✍ ____________________

✍ ____________________

4. Was ist ein Register?

✍ ____________________

5.

Welche Aufgabe hat der Datenbus, welche der Adreßbus?

✍

✍

6.

Zwei Firmen dominieren den Markt für moderne Prozessoren. Nennen Sie die Firmen und für jede Firma jeweils zwei gängige Prozessorentypen.

✍

✍

7.

Welcher Prozessortyp ist die Mindestvoraussetzung für die Steuerung eines Netzwerkes oder für die Arbeit mit Betriebssystemen wie UNIX und OS/2?

✍

8.

Zu welchem Zweck wird ein arithmetischer Co-Prozessor eingesetzt?

✍

9.

Unterscheiden Sie bitte zwischen den beiden internen Speicherarten, RAM und ROM.

✍ ______________________________

✍ ______________________________

10.

Nennen Sie die zwei Hauptaufgaben des ROM-BIOS.

✍ ______________________________

✍ ______________________________

11.

Welche Diskette kann mehr Information aufnehmen:

✍ — eine 5-1/4-Zoll-Diskette (2S/2D) __________

✍ — eine 3-1/2-Zoll-Diskette (2S/2D)?__________

12.

Was versteht man unter dem Begriff „Zylinder“ in bezug auf die Festplatte?

✍ ______________________________

13.

Vergleichen Sie eine Diskette und eine Festplatte in bezug auf Ihre Speicherkapazität.

✍ ______________________________

14.

Nennen Sie zwei verschiedene Geräte, die speziell zur Datensicherung eingesetzt werden.

✍ ______________________________

15.

Unterscheiden Sie zwischen

✍ (a) einer parallelen ______________

✍ (b) einer seriellen Schnittstelle.

____

16.

Nennen Sie mindestens vier Eingabegeräte:

✍ ______________________________

✍ ______________________________

17. Wonach unterscheiden sich Bildschirme?

✍ ______________________________

18. Nennen Sie vier typische Grafikkarten und beschreiben Sie sie kurz.

✍ ______________________________

✍ ______________________________

✍ ______________________________

✍ ______________________________

19. Nennen Sie vier Druckertypen.

✍ ______________________________

20. Was bestimmt die Druckqualität eines Matrixdruckers?

✍ ______________________________

SOFTWARE

Lernziele:

In diesem Kapitel lernen Sie,

- **was man unter „Software“ versteht,**
- **welche Funktionen das Computer-Betriebssystem erfüllt und wie es aufgebaut ist,**
- **welche Unterschiede zwischen Systemsoftware und Anwendungssoftware bestehen,**
- **was unter Sprache, Maschinensprache, Quellcode, Objektcode, Interpreter und Compiler zu verstehen ist,**
- **was Programmiersprachen voneinander unterscheidet und**
- **wie das breite Spektrum von professionellen Anwendungsprogrammen unterteilt werden kann.**

Software — Weiches für Jedermann!

Auf die Frage „Was ist Software?" bekommt man oft die Antwort: „Alles, was nicht Hardware ist". Inzwischen haben Sie die Bestandteile eines Computers kennengelernt und wissen, was man unter „Hardware" versteht. Damit wir irgendetwas — egal wie simpel, banal oder selbstverständlich — mit diesem Computer machen können, müssen wir ihm Anweisungen geben. Der Computer ist höchst effizient, aber außerordentlich dumm. Man muß dem Computer sagen, was er zu tun hat, und zwar Schritt für Schritt, bevor er irgendeine Aufgabe erfüllen kann.

Ein Programm ist eine Folge von Befehlen oder Anweisungen (die Einzelschritte), mit denen der Computer ein bestimmtes Problem lösen kann.

Damit Sie eine Vorstellung darüber bekommen, wie Sie sich einem Computer verständlich machen müssen, stellen Sie sich vor, dieser Computer sei ein sehr zuverlässiger, effizienter, aber im Denken völlig unselbständiger, initiativloser Postbote. Wenn Sie wollten, daß dieser Postbote für Sie einen Brief jemandem zustellt, müßten Sie folgende Anweisungen geben: „Nehmen Sie den Brief in Ihre rechte Hand. Drehen Sie den Umschlag um, damit Sie die Adresse lesen können. Lesen Sie die Adresse. Ist die Adresse Ihnen verständlich? Diese Adresse befindet sich auf der Hauptstraße 12. Stecken Sie den Umschlag in Ihre linke obere Manteltasche. Drehen Sie sich um, und gehen Sie zur Tür. Öffnen Sie die Tür. ..."

Alle Arten solcher Anweisungen (Befehle), die wir in einem Programm zusammengefaßt haben, oder ein Programm, das jemand anderer vor uns und für uns geschrieben hat — sogar ein professionelles Anwendungsprogramm wie WORD, DBASE oder EXCEL — bezeichnet man als „Software".

Man kann Software in zwei groben Kategorien einteilen: Systemsoftware und Anwendungssoftware (Applikationssoftware).

Systemsoftware beinhaltet alle Programme, Programmiersprachen und Dokumentationen, die auf den

Computer zugeschnitten sind. Mit dieser Software kann sich der Benutzer mit dem Computer unterhalten und ist außerdem in der Lage, seine eigene Programme zu schreiben oder zu entwickeln.

Anwendungssoftware beinhaltet alle fertig geschriebene, meist kommerzielle Programme, die eine besondere Aufgabe für den Benutzer ausführen: z.B. Textverarbeitungsprogramme, mit denen man den im Büro alltägliche Schriftverkehr erledigen kann, ein Finanzbuchhaltungsprogramm für einen kleinen Betrieb, oder auch ein Programm, das mit dem Benutzer Schach spielt.

Betrachten wir zunächst Systemsoftware.

Systemsoftware

Betriebssystem

Die fundamentalsten Anweisungen sind im Betriebssystem-Programm enthalten. Eingabe-Ausgabe-Routinen (Übersetzungen von dem, was der Benutzer eingibt — z.B. ein Tastendruck —, in die Maschinensprache und Übersetzungen der Maschinensprache in eine Sprache, die wir Menschen verstehen können), Dateiverwaltung und verschiedene andere Dienstprogramme sind, wie Sie gleich erfahren werden, die Hauptaufgaben von DOS, dem Betriebssystem Ihres Computers. Ohne diese Software ist Ihr Computer für Sie unbrauchbar. Ein Betriebssystem hat drei Hauptfunktionen:

❶ Datei- und Softwareverwaltung,

❷ Überwachung und Steuerung von Ein-/Ausgabe-Vorgängen und

❸ Speicherverwaltung — dazu später mehr.

Programmiersprachen

Wie Sie mittlerweile wissen, versteht ein Computer grundsätzlich nur dir Zustände „ein“ und „aus“, was wir bisher durch die Dualzahlen 0 und 1 ausgedrückt haben.

Streng genommen, müßten wir als Anwender auch diese „Dualsprache“ erlernen, um einen Computer dazu zu veranlassen, Rechenoperationen oder Textmanipulationen vorzunehmen. Auch die Möglichkeit, sich mit dem Computer auf hexadezimaler Basis zu unterhalten, bietet für den Anwender keine besondere Attraktivität, denn auch das ist mit einem nicht vertretbaren zeitlichen Aufwand verbunden, was Ihnen bestimmt verständlich ist. Wie kann man sich dennoch mit einem PC „unterhalten“? — mit Hilfe von Programmiersprachen und Übersetzungsprogrammen.

Im folgenden wollen wir Sie mit einigen der wichtigsten Programmiersprachen ein wenig bekanntmachen.

Wir bewegen uns dabei immer weiter weg von der Maschienensprache und nähern uns der Umgangssprache des Anwenders.

ASSEMBLER

Nachdem es den Programmierern zu umständlich geworden war, den Computer mit dualen Ziffernkolonnen oder hexadezimalen Codes zu füttern, entwickelte man die Programmiersprache ASSEMBLER. Wurde ein Multiplikationsbefehl bislang durch den Hex(adezimalen)-Code F7E3 ausgelöst, so konnte man nun den sicherlich verständlicheren Befehl MUL (Multipliziere) einsetzen. Das der Computer diese Pseudo-Sprache dennoch verstand, lag an dem Übersetzungsprogramm, das man auch als ASSEMBLER bezeichnete, und das den Befehl MUL wieder in den Hex-Code F7E3 umwandelte. Die Bezeichnung ASSEMBLER verweist also auf die Programmiersprache und das in diesem Zusammenhang eingesetzte Übersetzungsprogramm, das den sogenannten „Quellcode“ (das, was der Programmierer ein-

getippt hat) aufnimmt und das Programm in einen für den Mikroprozessor geschriebenen Code (auch „Objektcode“ genannt) übersetzt.

☛ ***Hinweis***

Der Befehl heißt komplett MULT [11] und veranlaßt den Prozessor, den Inhalt von Speicherplatz 11 mit dem Inhalt des Akkumulators (Register AX) zu multiplizieren.

Ein Assembler ist immer genau auf einen Prozessor oder eine Prozessorfamilie (z.B. die INTEL-Prozessoren) abgestimmt. Deshalb gibt es für jeden Rechnertyp auch Assembler auf dem Markt.

Obwohl mit der ASSEMBERsprache eine begriffliche Vereinfachung der Programmierung einherging, wurde der Programmieraufwand nur wenig verringert. Noch immer muß nahezu jeder Befehl, den der Computer auszuführen hat, eingegeben werden. Darüber hinaus setzt dies eine tiefgehende Kenntnis der Prozessor- und Speicherstruktur voraus.

Von Vorteil ist die Schnelligkeit, in der die entwikkelten Programme ablaufen und die nahezu grenzenlose Einflußnahme auf sämtliche Bereiche des Computers.

Programmiersprachen, die nicht von der „niedrigen“ Maschinenebene ausgehen, sondern bereits in den verwendeten Befehlsworten Anwendungsproblemen angepaßt sind, bezeichnet man als „höhere“ oder „problemorientierte“ Programmiersprachen. Höhere Sprachen sind viel verständlicher als ASSEMBLER und ähneln mehr einer natürlichen Sprache (meistens englisch). Natürlich müssen auch in diesen Sprachen erstellte Programme wieder in eine binäre Form umgewandelt werden, die der Computer verstehen kann.

Interpreter

Dabei müssen zwei Möglichkeiten der Übersetzung unterschieden werden. Eine Möglichkeit besteht darin, daß jede Anweisung der Reihe nach, Zeile für Zeile, übersetzt und ausgeführt wird, bevor die nächste Zeile übersetzt wird. Einen solchen Übersetzer (hauptsächlich für BASIC-Programme benutzt) nennt man „Interpreter".

Der Interpreter muß zur Ausführung eines Programms immer zur Verfügung stehen. Der Interpreter betrachtet dabei eine Programmzeile, übersetzt diese, bringt sie zur Ausführung und liest erst dann den nächsten Befehl. Der Interpreter selbst generiert dabei keinen Maschinencode, sondern die Unterroutinen, die im Interpreter enthalten sind, sind schon in Maschinencode geschrieben und können bei Bedarf aufgerufen werden.

Ein Nachteil von Interpretern ist, daß sie relativ langsam arbeiten. Die bei jeder Programmausführung notwendige Übersetzung hält doch enorm auf. Der Vorteil ist, daß mit Interpretern das Programmieren selbst sehr bequem ist — man kann fast „interaktiv" mit dem Computer sein Programm entwickeln — Fehler werden sofort erkannt und können an Ort und Stelle behoben werden.

Compiler

Anders verhält es sich bei den Compilersprachen. Programme, die diese Sprachen benutzen, werden zunächst einmal mehr oder weniger komplett geschrieben. Im zweiten Schritt folgt die vollständige Übersetzuung des Programms in die Maschinensprache (Objektcode), für die der Compiler zuständig ist. Ein so erstelltes sogenanntes „Objektprogramm" ist anschließend ohne Mithilfe des Compilers ablauffähig (vorausgesetzt, es wurde richtig programmiert).

Damit ist auch ein Vorteil der Compilersprachen gegenüber den Interpretersprachen genannt: Da die Programme zum Zeitpunkt ihrer Ausführung gänzlich in Maschinencode vorliegen, ist ein wesentlich schnellerer Ablauf möglich. Darüber hinaus kann auf das Vorhandensein eines Übersetzers verzichtet werden, was zusätzlichen Speicherplatz freigibt.

Allerdings ist das Erstellen eines Programms für den Programmierer aufwendiger: Bevor der Programmierer sein Programm testen kann, muß es zuerst kompiliert werden. Je nachdem, wie umfangreich das Programm ist, kann das Kompilieren sehr lange dauern. Sollte der Programmierer beim Programmablauf feststellen, daß irgendwo ein Fehler ist, muß der Quellcode entsprechend geändert werden und der Kompiliervorgang komplett wiederholt werden. Sollte dies mehrfach passieren, kann dies eine Menge Zeit kosten.

Dennoch haben sich heute die Compilersprachen weitgehend durchgesetzt, was sicherlich verständlich ist. Was allerdings vielen EDV-Einsteigern zunächst nicht einleuchtet, ist die Tatsache, daß es heute mehr als eine Programmiersprache gibt.

Die Antwort liegt darin, daß die unterschiedlichen Programmiersprachen für die verschiedensten Zwecke entwickelt wurden; die eine eignet sich sehr gut für wissenschaftliche Probleme (z.B. FORTRAN), die andere für Flugüberwachung oder Raketensteuerung (z.B. ADA), noch andere für Probleme der künstlichen Intelligenz (z.B. LISP, PROLOG), und einige nur, weil sie sehr einfach zu lernen und zu bedienen sind (z.B. LOGO, die Tausenden von amerikanischen Schulkindern den Einstieg in die Welt der EDV erleichtert).

Im folgenden wollen wir Sie mit einigen der wichtigsten Programmiersprachen bekanntmachen.

Als Beispiel sehen wir, wie verschiedene Programmiersprachen dieselbe Aufgabe erledigen: Wir werden dem Computer mitteilen, daß er einen Dollar-Betrag in D-Mark umrechnen soll. Das Programm soll den Benutzer zuerst nach dem heutigen Dollar-Kurs fragen; danach soll er den Benutzer bitten, den Dollarbetrag einzutippen; anschließend druckt der Computer den entsprechenden DM-Betrag am Bildschirm aus.

Aus der Sicht des Computers betrachtet, muß ein Wert (der aktuelle Dollarkurs) in einer bestimmten

Speicherzelle abgelegt werden. Dieser Wert muß dann mit einem weiteren vom Benutzer eingegebenen Wert (dem Dollar-Betrag, der in einer anderen Zelle gespeichert wurde) multipliziert werden, das Ergebnis in einer Zelle abgelegt und danach aus dieser Zelle dem Benutzer (e.g. in Form einer Bildschirmausgabe) mitgeteilt werden.

BASIC

Die Programmiersprache BASIC eignet sich hervorragend für EDV-Einsteiger. BASIC ist eine Abkürzung für „**B**eginners' **A**ll-Purpose **S**ymbolic **I**nstruction **C**ode". Die Sprache ist einfach, die Befehle sind einleuchtend und die Programmstruktur ist übersichtlich. Dennoch kann man mit BASIC sehr anspruchsvolle, umfassende und komplexe Programme schreiben und die kompliziertesten Aufgaben erledigen.

Der Nachteil von BASIC ist die zum Teil sehr langsame Ablaufgeschwindigkeit seiner Programme, was sich besonders bei Grafik bemerkbar macht. Diese Langsamkeit läßt sich hauptsächlich auf die Tatsache zurückführen, daß viele — insbesondere ältere — BASIC-Programme **zeilenweise** in Maschinensprache übersetzt werden, mit Hilfe eines Interpreters.

Dieser Nachteil ist allerdings in den letzten Jahren teilweise behoben worden, da es jetzt auch **Compiler** für BASIC gibt. Mit BASIC hat man also die Möglichkeit, das Programm mit einem Interpreter interaktiv zu erstellen und erst, wenn alle Fehler beseitigt werden, das Programm endgültig mit einem Compiler in Maschinencode zu übersetzen. Die Vorteile beider Übersetzungsarten stehen also dem BASIC-Programmierer zur Verfügung.

In BASIC könnte das Beispiel-Programm etwa so aussehen:

```
10    PRINT "UMRECHNUNG DOLLAR/DM"
20    PRINT "Welchen Wert — in DM — hat heute
      ein Dollar?"
40    INPUT K
50    PRINT "Geben Sie bitte den Dollar-Betrag ein:"
```

```
60  INPUT D
70  LET DM = K * D
80  PRINT D; " Dollar sind ";DM; " DM"
90  END
```

COBOL

Die Programmiersprache COBOL (**CO**mmon **B**usiness **O**riented **L**anguage) wurde hauptsächlich für kaufmännische Aufgaben konzipiert. Sie wurde bereits in den 60er Jahren standardisiert, was ihre Verbreitung bis heute erheblich beeinflußt hat. Ihr Einsatz auf Großrechenanlagen dieser Zeit macht eine aufwendige Beschreibung von Speicherplatzbelegungen nötig. Die Erstellung eines COBOL-Programms ist daher recht aufwendig, das fertige Programm ist aber — mit einiger Übung natürlich — leicht zu verstehen und zu warten.

Das Programm in COBOL:

```
IDENTIFICATION  DIVISION.
PROGRAM-IDUMRECH.
AUTHOR      KEATING/SCHACHT.
DATE-WRITTEN.02-05-89.
DATE-COMPILED.      02-05-89.
ENVIRONMENT  DIVISION.
CONFIGURATION SECTION.
SOURCE-COMPUTER. OLIVETTI-PC.
OBJECT-COMPUTER. OLIVETTI-PC.
SPECIAL-NAMES.
        CONSOLE IS CRT,
        DECIMAL-POINT IS COMMA.
INPUT-OUTPUT  SECTION.
FILE-CONTROL.
DATA   DIVISION.
WORKING-STORAGE SECTION.
01              E-KURSWERT PIC 9,99.
01              E-DOLLARPIC ZZZ.ZZ9,99.
01              KURSWERTPIC 9V99.
01              DOLLARPIC 9(6)V99.
01              A-DMPIC Z.ZZZ.ZZ9,99.
PROCEDURE  DIVISION.
PROGRAMM-STEUERUNG  SECTION.
PR1000.
                PERFORM   VERARBEITUNG.
```

```
        STOP  RUN.
VERARBEITUNG   SECTION.
VER1000.
        DISPLAY  SPACE  UPON   CRT.
        DISPLAY  "UMRECHNUNG DOLLAR/DM"  AT  0510.
        DISPLAY  "Welchen Wert -in DM- hat heute ein Dollar?"
                 AT 0705.
        ACCEPT  E-KURSWERT  AT 0750.
        DISPLAY  "Geben Sie den Dollar-Betrag ein:"  AT 0905.
        ACCEPT  E-DOLLAR AT 0950.
        MOVE  E-KURSWERT TO KURSWERT.
 MOVE  E-DOLLAR TO DOLLAR.
 COMPUTE  A-DM = KURSWERT * DOLLAR.
 DISPLAY   E-DOLLAR AT 1205.
 DISPLAY  "Dollar sind:" AT 1216.
 DISPLAY  A-DM AT 1227.
 DISPLAY  "DM" AT 1240.
 DISPLAY  "ENDE" AT 2505.
```

PASCAL

PASCAL / TURBO PASCAL ist eine der beliebtesten und meist eingesetzten Programmiersprachen. Sie wurde ursprünglich als eine Sprache zum Erlernen des Programmierens entwickelt. Deshalb ist diese Programmiersprache sehr strukturiert aufgebaut und die Befehle und deren Syntax sind recht verständlich. TURBO-PASCAL-Compiler sind heute bereits für ca. 200,- DM zu erhalten und werden deshalb immer mehr auch im Schulunterricht eingesetzt. Trotzdem bietet diese Sprache, bei entsprechender Beherrschung, durchaus die Möglichkeit, professionelle Programme zu erstellen, die auch sehr schnell ablaufen — die Textverarbeitung STAR-WRITER PC etwa ist komplett in TURBO-PASCAL programmiert worden.

In PASCAL könnte das Beispiel-Programm so aussehen:

```
PROGRAM   umwandlung;
VAR
        kurswert,dollar_betrag,DM : real;
BEGIN
        writeln('UMRECHNUNG DOLLAR/DM');
        write('Welchen Wert -in DM- hat heute ein Dollar? ');
        readln(kurswert);
```

```
        write('Geben Sie bitte den Dollar-Betrag ein: ');
        readln(dollar_betrag);
        DM := kurswert * dollar_betrag;
        writeln(dollar_betrag:9:2,' Dollar sind ',DM:10:2,' DM.');
END.
```

C

Die Programmiersprache **C** ist sehr schwierig zu erlernen. Allerdings laufen Programme, die in C geschrieben sind, fast so schnell ab wie Assemblerprogramme. Viele komplexe, professionelle und kommerzielle Anwendungsprogramme (wie z.B. das Textverarbeitungsprogramm WORD) sind in C geschrieben worden — ebenso nahezu vollständig das Betriebssystem UNIX.

Unser Beispiel-Programm in C:

```
#include    <stdio.h>
main()
{
        float  kurswert,dollarbetrag,DM;
        printf("UMRECHNUNG DOLLAR/DM\n");
        printf("Welchen Wert - in DM - hat heute ein Dollar? ");
        scanf("3.2f";&kurswert);
        printf("Geben Sie bitte den Dollarbetrag ein: ");
        scanf("%8.2f";&dollarbetrag);
        DM = kurswert * dollarbetrag;
        printf("%8.2f Dollar sind %9.2f DM.",dollarbetrag,DM);
}
```

Standard-Software: Kommerzielle Anwendungsprogramme

Ein Anwendungsprogramm bietet eine vollständig entwickelte Leistung an, die von weniger erfahrenen Computeranwendern eingesetzt werden kann. Der Anwender kann das Programm nutzen, ohne daß er wissen muß, wie ein Computer funktioniert, und braucht selber keine Befehle in irgendeiner Programmiersprache zu beherrschen. Selbstverständlich steht eine Programmiersprache dahinter (überwiegend die Sprachen C und Pascal, teilweise noch Assembler), und ein Programmierer hat das Endprogramm mit Hilfe dieser Programmiersprache entwickelt.

In der Beurteilung von Standard-Software ist oft die Rede von „Benutzerfreundlichkeit": Eindeutige Aufforderungen geben dem Benutzer an, was von ihm als Eingabe erwartet wird. Diese Eingabe erfolgt realtiv problemlos, da der Benutzer schnell erlernen kann, was er zu tun hat und wie er das tun soll.

Allgemeine Anwendungsprogramme, von denen es ca. 10.000 für IBM-kompatible Rechner gibt, decken ein breites Spektrum von alltäglichen Aufgabengebieten ab.

Textverarbeitung

Allgemeiner Schriftverkehr, der früher mit der Schreibmaschine erledigt wurde, erfolgt heutzutage zunehmend mit Hilfe von Computer und Software in Form von Textverarbeitungsprogrammen. Im Gegensatz zur Schreibmaschine, bei der nur ein kleiner Teil des gesamten Textes zur Korrektur zur Verfügung steht, hat man mit Textverarbeitungsprogrammen die Möglichkeit, das gesamte Dokument neu zu gestalten, Teile zu verschieben und Korrekturen vorzunehmen, bevor es schließlich ausgedruckt wird.

Bekannte Textverarbeitungsprogramme sind WORD, WordStar, WordPerfect.

Für anspruchsvollere Textgestaltung (einschließlich der Positionierung von Graphiken und Bildern und der Nutzung verschiedener professioneller Typensätze) stehen die sogenannten „Desktop-Publishing"-Programme („DTP)" zur Verfügung.

Bekannte DTP-Programme sind XEROX Ventura Publisher und Aldus PageMaker

Datenbank

Ein weiteres Anwendungsgebiet für Standard-Software ist die Verwaltung von großen Datenmengen. Datenbankprogramme ersetzen die frühere Arbeit mit Karteikarten (z.B. das Erfassen von Adressen oder Lagerbestandsdaten) und erlauben einen sehr schnellen Zugriff (Bruchteile von Sekunden) auf bestimmte Informationen (Selektionsfunktionen) und Kombinationen von Informationen (Sortier- und Filterfunktionen) im gesamten Datenbestand.

Bekannte Datenbank-Programme sind DBase, Rbase, Foxbase und Paradox.

Tabellen-kalkulation

Zusammen mit Datenverwaltung und Textverarbeitung gehört die Tabellenkalkulation zu den wichtigsten Anwendungssoftware-Bereichen. Tabellenkalkulationsprogramme ersetzen die frühere Arbeit mit Papier, Bleistift, Radiergummi und Taschenrechner und erlauben den Entwurf sehr umfangreicher Kalkulationsmodelle (Kostenvergleiche, Preistrends, Produktplanung, Umsatzplanung, Prognosen usw.). Zu diesem Zweck enthalten diese Programme eine Vielzahl von eingebauten mathematischen und statistischen Funktionen (wie z.B. Mittelwert, Summe, Standardabweichung, Zinsformeln usw.), die dem Benutzer auf Tastendruck zur Verfügung stehen und die den Umgang mit Zahlen und Berechnungen sehr komfortabel machen. Viele Tabellenkalkulationsprogramme enthalten zusätzlich ein eingebautes Grafikprogramm, damit man die (manchmal) trockenen und unübersichtlichen Zahlen in Bildform präsentieren kann.

Beispiele für Tabellenkalkulations-Programme sind Excel, Lotus 1-2-3 und Multiplan.

Integrierte Pakete

Ein integriertes Programm besteht aus mehreren Unterprogrammen (z.B. Textverarbeitung, Tabellenkalkulation, Grafik und Datenbankfunktionen), die erlauben, daß Information zwischen den Unterprogrammen ausgetauscht werden kann. Häufig möchte ein Benutzer ein Ergebnis, das er mit einem Softwareprogramm erstellt hat, mit einer anderen Arbeit, die er mit einem anderen Programm erstellt hat, kombinieren („integrieren"). Zum Beispiel möchte er die Adressen, die er in einer Datenbank gespeichert hat, für ein Rundschreiben in der Textverarbeitung benutzen. Oder er möchte eine Tabelle oder Grafik in seinem Produktangebot einfügen.

Wenn man mit Einzelprogrammen arbeitet, ist dies oft nicht möglich; und wenn es möglich ist, ist es oft sehr umständlich, denn Datenformate müssen geändert und angepaßt werden. In einem integrierten Programm erfolgt der Datenaustausch relativ leicht und problemlos.

Ein weiterer Vorteil von einem integrierten Programm liegt darin, daß es dem Benutzer eine einheitliche „Benutzeroberfläche" anbietet: Die Benutzerführung bei allen Programmteilen ist gleich, die Kommandos sind weitgehend gleich oder ähnlich und er muß sich die Befehle nicht jedesmal vollständig neu merken.

Bekannte integrierte Programme sind Framework, Open Access, Smart und Symphony.

Andere weitverbreitete Anwendungsprogramme stammen aus den Bereichen:

☞ * CAD (Computer-Aided-Design = computer-unterstützte Konstruktion). Hier ersetzen Computer, Bildschirm und

Eingabegerät (Maus, Stift oder Fadenkreuzlupe mit einem Digitalisertablett, Lichtgriffel) die mit einem Zeichenbrett erledigte Arbeit von Ingenieuren, Architekten, Designern und technischen Zeichnern.

☞ * Lernprogramme, mit deren Hilfe der Computer als Lehrer dem Benutzer Kenntnisse oder Fertigkeiten vermittelt (wie etwa eine Fremdsprache oder Maschinenschreiben).

☞ * Expertensysteme („Künstliche Intelligenz"), die Rückschlüsse ziehen können auf der Basis der zur Verfügung stehenden Information. Expertensysteme werden unter anderem in der medizinischen Diagnostik verwendet.

Zudem gibt es speziellere Anwendungsprogramme, die für eine bestimmte Aufgabe konzipiert wurden — z.B. Rechnungswesen, Buchhaltung, Personalverwaltung, Handwerkerprogramme, Terminverwaltung, wissenschaftliche Statistikprogramme.

ZUSAMMENFASSUNG

Ohne Software ist die teure, komplizierte Maschine, die wir Computer nennen, überhaupt nicht zu gebrauchen. Der Computer benötigt ständig Anweisungen, um seine Arbeit zu erledigen. Solche Anweisungen bezeichnet man als Software. Das Betriebssystem leistet die elementarsten Aufgaben.

Damit wir dem Computer unsere Anweisungen mitteilen können, brauchen wir eine gemeinsame Sprache, denn der Computer kann Information schließlich nur in Form von 0en und 1en verarbeiten. Diese gemeinsame Basis erhält man mit Hilfe von Programmiersprachen wie Assembler, Cobol, Pascal, C und Basic.

Übersetzungsprogramme wie Interpreter oder Compiler wandeln Anweisungen, die in Programmiersprachen geschrieben wurden, in Maschinensprache um und bilden eine Schnittstelle zwischen Mensch und Maschine.

Eine Sammlung von Anweisungen, die dazu dient, eine bestimmte Aufgabe zu erledigen bzw. ein Problem zu lösen, bezeichnet man als ein Programm. Man kann selbst ein Programm in einer Programmiersprache schreiben, um eine Aufgabe zu lösen. Inzwischen gibt es aber eine fast unübersehbare Menge von professionellen Programmen, die jedem Benutzer zur Verfügung stehen und fertige Lösungen anbieten. Solche Programme, die ein sehr breites Spektrum von Aufgaben und Ansprüchen abdecken, nennt man Anwendungsprogramme. Die am weitesten verbreiteten Anwendungsprogramme liegen in den Bereichen der Textverarbeitung, Tabellenkalkulation and Datenbankverwaltung.

Lernkontrollfragen

1. Was bedeutet das Wort „Software“?

✍ ______________________

2. Mit welcher Art von Software ist **jeder** Computer ausgerüstet?

✍ ______________________

3. Nennen Sie eine maschinenorientierte Programmiersprache.

✍ ______________________

4. Unterscheiden Sie zwischen der Arbeitsweise eines Interpreters und der eines Compilers.

✍ ______________________

✍ ______________________

5.

Nennen Sie 5 Programmiersprachen und deren Einsatzgebiete. Mit welcher Art von Übersetzer - Compiler oder Interpreter - werden Programme, die in diesen Sprachen geschrieben wurden, in Maschinencode umgewandelt?

✍ ______________________________

✍ ______________________________

✍ ______________________________

✍ ______________________________

✍ ______________________________

6.

Nennen Sie ein Beispiel für jede Kategorie von Anwendungsprogrammen: Textverarbeitung, Tabellenkalkulation, Datenbank, Integriertes Paket.

✍ ______________________________

✍ ______________________________

✍ ______________________________

✍ ______________________________

PC-KOMMUNIKATION: POSTDIENSTE UND NETZWERKE

Lernziele:

In diesem Kapitel lernen Sie,

- **was ein Modem und was ein Akustikkoppler mit PC-Kommunikation zu tun haben,**
- **wie sich asynchrone und synchrone Übertragungsverfahren unterscheiden,**
- **was unter Simplex-, Halbduplex- und Duplexbetrieb zu verstehen ist,**
- **welche Dienste Datex-L und Datex-P im Datenfernübertragungsnetz der Deutschen Bundespost leisten,**
- **wozu wir BTX, TELETEX, TELEFAX, MAILBOX und ISDN jetzt und in Zukunft benutzen können,**
- **was den Terminal-Betrieb von Personal Computer-Netzwerken unterscheidet,**
- **wie Lokale Netzwerke aufgebaut sind und welche Rolle darin Workstations, Server und Gateways spielen,**
- **welche Netzwerk-Topologien unterschieden werden können,**
- **was den ISO/OSI Netzwerkstandard auszeichnet,**
- **welche Aufgabe Übertragungsprotokolle erfüllen und**
- **welche zukünftige Rolle der OS/2 LAN-MANAGER spielen kann.**

PC-Kommunikation

Grundlagen der PC-Kommunikation

Nicht nur für die Computer-Industrie, sondern auch für unser tägliches Leben ist die Kommunikation mit Hilfe und über den PC sicherlich in der nahen Zukunft von entscheidender Bedeutung. Dies wollen wir Ihnen nachfolgend aufzeigen. Vielleicht bekommen Sie in diesem Kapitel auch einen kleinen Einblick darüber, warum so oft von „Hackern“ die Rede ist und inwiefern diese überhaupt die Möglichkeit haben, selbst Informationen des US-Verteidigungsministeriums oder der NASA „abzuzapfen“. Kommunikation über den PC bedeutet nämlich grundsätzlich eine Öffnung des in sich geschlossenen Ein-Benutzer-Systems nach außen. Diese Öffnung vollzieht sich in der Regel über öffentlich zugängliche Datennetze (in Deutschland von der Deutschen Bundespost kontrolliert), was die Datensicherheit beeinträchtigt.

Nachdem der Personal Computer die Bürowelt erobert hat und zunehmend in Fertigung und Industrie Einzug hält, wird er unser Alltagsleben bestimmen. Glaubt man den Marketingaussagen der PC-Hersteller, so wird sich in jedem Haushalt ein Personal Computer befinden. Dieser wird nicht nur Berechnungen und Datenverwaltung erledigen, sondern eine von uns gewünschte Telefonnummer wählen, unser Bankguthaben verwalten, Versandhausbestellungen erledigen usw.. Vieles davon ist bereits heute Wirklichkeit, nur benötigt man in der Regel für jede Dienstleistung ein anderes Gerät. Das soll — auch nach dem Willen der Deutschen Bundespost — in Kürze anders werden und der PC als ein Gerät die vielfältigen Funktionen komplett übernehmen.

Um den PC als Kommunikationsgerät einzusetzen, benötigt man Geräte, die die Datenübertragung vornehmen können, da das Telefonnetz lediglich akustische Daten übermittelt. Akustische Daten sind jedoch analoge Daten, während der PC seine Bits und Bytes digital verwaltet.

Wie kann man dennoch das Telefonnetz zur Kommunikation nutzen? Die Nullen und Einsen des PC werden zu akustischen Signalen (Tönen unterschiedlicher Höhe) **mo**duliert und beim Empfänger wieder **dem**oduliert, d.h. in digitale Signale zurückverwandelt. Das bekannteste Gerät für dieses Verfahren heißt entsprechend **MODEM** (**Mo**dulator — **Dem**odulator). Es wird zwischen das Telefonnetz und den PC geschaltet und über die serielle Schnittstelle V24 angesprochen.

Weit verbreitet — vor allem wegen seiner günstigen Anschaffungskosten — ist auch der **Akustikkoppler**. Ein Akustikkoppler ist ebenfalls über die serielle Schnittstelle mit dem PC verbunden, die Daten werden jedoch direkt über das Telefon übertragen, indem der Hörer eines normalen Telefons auf dem Akustikkoppler festgeschnallt wird.

Es ist klar, daß Datensicherheit und Übertragungsgeschwindigkeit im professionellen Rahmen für ein Modem sprechen. Die Deutsche Bundespost, die nur zögernd bereit zu sein scheint, ihre Monopolstellung im Bereich der Datenfernübertragung aufzugeben, setzt z.B. in BTX-Geräten ein Modem ein.

Neben den technischen Geräten sind für die Übertragungsgeschwindigkeit auch Übertragungsverfahren und -arten maßgebend. Zu den **Übertragungsverfahren** gehören:

❶ Das ***asynchrone Verfahren*** ist weithin verbreitet und wird vielfach auch für die Kommunikation von PC's untereinander und mit Großrechnern verwendet. Dabei wird jedes übertragene Byte von einem Startbit und einem Stopbit „umschlossen". Das Startbit meldet: „Es folgt nun ein Byte Date!". Das Stopbit sagt: „Übertragung des Byte abgeschlossen". Dieses Verfahren ist technisch wenig aufwendig und praktisch jederzeit zu realisieren.

❷ Das ***synchrone Verfahren*** erlaubt eine Übertragung in größeren Daten-Blöcken und kann so die Leitungskapazität besser ausnutzen. Sie ist technisch jedoch wesentlich schwieriger durchzuführen, da der Sender und der Empfänger in ihrem

Systemtakt aufeinander abgestimmt, synchronisiert, werden müssen. Das Synchronisationszeichen (ASCII-Wert 22) muß dabei in regelmäßigen Abständen wiederholt werden.

Je nach verwendeten Geräten wird daneben zwischen drei verschiedenen **Übertragungsarten** unterschieden:

❶ Bei einer ***Simplex***-Übertragung können die Informationen nur in einer Richtung übertragen werden (Telex). Diese Art gleicht einer Einbahnstraße, die von einer Datenstation zum Computer läuft. Eine Bestätigung der Nachricht ist hierbei nicht möglich. Vergleichbar ist diese Übertragungsart auch mit unserer Fernseh- oder Radiotechnik: eine Station sendet, die andere (der Fernseher) kann nur empfangen.

❷ Die ***Halbduplex***-Übertragung ermöglicht einen Informationsaustausch in beiden Richtungen, jedoch immer abwechselnd nacheinander. Dies geschieht z.B. auch beim Funkverkehr — der eine sendet, während der andere empfängt, nach einer Umschaltung ist es umgekehrt. Die Post verwendet dieses Verfahren beim Fernkopieren mit Telefax (s.u.). Bei der Geschwindigkeit, mit der heute ein Personal Computer arbeiten kann, ist diese technisch notwendige Umschaltzeit immer noch ein Nachteil, vor

allem, wenn Störungen in der Kommunikation auftreten.

❸ Beim ***Duplex***-Betrieb können Daten gleichzeitig (über getrennte Leitungen) gesendet oder empfangen werden. Vor allem beim Einsatz von Computern ist diese Übertragungsart am effektivsten, denn der Computer kann auftretende Störungen sofort bemerken und darauf reagieren. Vor allem bei der Kommunikation von PC's untereinander wird sie deshalb eingesetzt. Aus dem täglichen Leben ist diese Betriebsart Ihnen allerdings auch bereits bekannt. Stellen Sie sich ein Telefon vor, bei dem Sie Ihren Gesprächspartner nicht jederzeit unterbrechen könnten — wir alle hätten nicht viel Freude an einem solchen Apparat.

Bei den **Übertragungsgeschwindigkeiten** werden wir heute mit unterschiedlichen Größen und Größenangaben konfrontiert. Die Postdienste werden noch weitgehend in **BAUD** gemessen, wobei BAUD angibt, wieviel Bits pro Sekunde übertragen werden können. Erreichte Größen liegen hier zwischen 50 BAUD (Telex) und 64000 BAUD (ISDN). Eine einfache PC-zu-PC-Verbindung über die seriellen Schnittstellen wird meist mit 9600 BAUD betrieben.

☛ ***HINWEIS:*** *Statt BAUD findet man neuerdings in der Datenkommunikation für die Beschreibung des Datendurchsatzes (d.h. der Zeit, in der eine Menge von Daten von einem PC gesendet und vollständig im anderen PC angekommen ist) andere Begriffe:* **Kbps** *bezeichnet dabei Kilo***bit** *pro Sekunde, die Angabe* **Mbps** *entspricht Mega***bit** *pro Sekunde.*

POSTDIENSTE

DATEX-P und DATEX-L

Neben dem Telefon- und dem Telexnetz bietet die Deutsche Bundespost ein öffentliches digitales Netz speziell für die Datenfernübertragung an — das DATEX (**da**ta **ex**change) genannt wird.

Über das DATEX-Netz können national und international Datenübertragungen vorgenommen werden. Wie beim Telefon oder beim Telefax gibt es Netzkennzahlen (z.B. USA: 3129), über deren Anwahl eine Verbindung zur Datenübertragung hergestellt wird.

Zu unterscheiden ist dabei zwischen

❶ DATEX-L

❷ DATEX-P

Beim DATEX-L-Netz sind zwei Teilnehmer direkt über Leitungen verbunden. Im Duplex-Betrieb können dabei Geschwindigkeiten zwischen 300 und 64000 BAUD erzielt werden. Sie erlaubt eine direkte Kommunikation zwischen beiden Teilnehmern. Wie beim Telefon hat man für die Bereitstellung einer DATEX-L-Leitung eine Grundgebühr zu bezahlen und Nutzungsgebühren je nach Übertragungssekunde.

Bei DATEX-P spricht man von Paketvermittlung. Hierbei werden Nachrichten in bestimmte Informationseinheiten („Pakete“ von jeweils 128 Zeichen) unterteilt. Daten unterschiedlicher Teilnehmer werden im Netz zwischengespeichert und nach Aufbau einer Übertragungsleitung dem Empfänger übermittelt. Es muß also nicht exklusiv eine Leitung permanent zur Verfügung stehen, was die Kosten reduziert. Für DATEX-P zahlt man je nach tatsächlich übertragenem Datenvolumen zwischen 6 und 33 Pfennig je 64 Zeichen (Stand Ende 1988).

BTX

Eine typische Postdienstleistung, bei der zunehmend der Einsatz eines PC sinnvoll wird, ist der Bildschirmtext, der im September 1983 eingeführt wurde. Heute in der Regel noch über einen speziellen Decoder mit eigenem Bildschirm und eigener Spezial-Tastatur betrieben, stellt Bildschirmtext vorwiegend im gewerblichen Bereich Möglichkeiten zur Verfügung, sich über Angebote zu informieren und schnell und unproblematisch Bestellungen zu tätigen.

Zu unterscheiden sind hier BTX-Anbieter und BTX-Teilnehmer. Die Anbieter stellen eine oder mehrere Seiten von Angeboten ihrer Firma vor, ein Teilnehmer kann über seinen BTX-Decoder diese Seiten einsehen und ggf. Bestellungen vornehmen.

Daneben steht ein elektronischer Briefkasten zur Verfügung, über den Teilnehmer Mitteilungen austauschen können. In sog. geschlossenen Benutzergruppen (GBG) bietet die Post darüber hinaus die Möglichkeit einer exklusiven Nutzung des BTX-Netzes. Zusätzlich sind über 250 Datenbanken über das BTX-Netz ansprechbar.

Mit MULTITEL, seit 1987 angeboten, einer Kombination aus Telefon und BTX-Endgerät, entfällt die Anschaffung eines eigenen Decoders und Monitors.

Insgesamt entspricht die Entwicklung des BTX-Dienstes noch nicht den gewünschten Prognosen der Post, dennoch ist eine weitere Verbreitung absehbar.

TELETEX, TELEFAX und MAILBOX

TELETEX (1981 eingeführt) ist ein Postdienst zur Textübermittlung, die über das DATEX-L-Netz vorgenommen wird. Der zur Verfügung stehende Zeichencode ermöglicht hierbei eine Textübermittlung in nahezu jeder Sprache, so daß gerade Auslandsübermittlungen hier eine Rolle spielen. Selbst Verbindungen nach Japan sind herstellbar.

Die Übertragung einer vollen DIN-A4-Seite z.B. in die USA kostet 61 Pfennig. Während über Telex die Übertragung einer Schreibmaschinenseite etwa 5 Minuten dauert, benötigt der gleiche Vorgang bei TELETEX etwa 10 Sekunden.

Derzeit wird TELETEX zumeist noch über ein spezielles TELETEX-Endgerät mit eigener Erfassungs- und

Druckmöglichkeit nebst Speicher vorgenommen. Dies zeigt jedoch bereits, daß ein PC hier sinnvoll eingesetzt werden kann. Mittlerweile läßt die Post auch TELETEX-Boxen mit entsprechenden Einsteckkarten für den PC zur Abwicklung von TELETEX zu.

Im gewerblichen Bereich kommt auch dem TELEFAX eine immer größere Bedeutung zu. Mit TELEFAX wird die Möglichkeit geboten, Kopien über das Telefonnetz zu versenden. Dabei können nicht nur Texte, sondern auch Diagramme, Konstruktionszeichnungen etc. übermittelt werden, was die Einsatzmöglichkeiten gegenüber TELETEX natürlich erhöht.

Auch hier ergeben sich natürlich Möglichkeiten für den PC-Einsatz. Wenn die übermittelten Daten nicht sofort kopiert, sondern zunächst im Speicher des PC für einen nachfolgenden Ausdruck verwaltet werden können, steigt natürlich vor allem die Übertragungsgeschwindigkeit. Von der Post gestellte Bedingungen an ein vom PC gesteuertes TELEFAX-System sind allerdings das Vorhandensein eines Scanners und eines entsprechenden Druckers. Daneben muß der Ausdruck nach Empfang automatisch erfolgen. Auch TELEFAX-Einsteckkarten und -Boxen werden inzwischen von verschiedenen Anbietern bereitgestellt.

Ein für PC-Besitzer unproblematisch zu nutzender Postdienst ist die MAILBOX. Die MAILBOX kann man sich am besten als elektronischen Briefkasten vorstellen. Der Fernseh-Computerclub bietet z.B. die Möglichkeit, mit der Redaktion über eine MAILBOX in Kontakt zu treten. Per PC kann der eigene Briefkasten jederzeit geöffnet, die Nachrichten gelesen und der Inhalt anschließend gelöscht werden. Auch hier sind geschlossene Benutzergruppen weit verbreitet, da sich sogar Konferenzschaltungen realisieren lassen. Man spricht dann von sogenannten „Inhouse“-Mailboxen.

Daneben bietet sich eine Zugangsmöglichkeit zu privaten Datenbankdienstleistungen — juristische, technische oder medizinische Datenbanken können abgefragt werden. Weltweit können mehrere Millionen „Briefkästen“ angesprochen werden.

ISDN

ISDN (= Integrated Services Digital Network) ist das Zauberwort, mit dem die Deutsche Bundespost in den 90er-Jahren der elektronischen Informationsflut Herr zu werden versucht.

Entscheidend ist hierbei die Ersetzung des bisherigen analog arbeitenden Telefonnetzes durch einen digitalen Betrieb.

Der Informationsaustausch soll hierbei durch Glasfasertechnik in der Datenübertragung, die wesentlich höhere Geschwindigkeiten (von 2 Mbit/s bis zu geschätzten 140 Mbit/s!) und geringeren Informationsverlust garantiert, und einen Universalanschluß in jeder Wohnung auch qualitativ verbessert werden (z.B. mit dem auf der CEBIT 1989 öffentlich präsentierten Bildtelefon).

Die bereits geschilderte Anschluß- und Gerätevielfalt bei der Nutzung der verschiedenen Postdienste soll hiermit entfallen. Telefon, BTX, TELETEX und TELEFAX können über einen Anschluß mit dem PC als Kommunikationsgerät integriert werden. Dabei können im Prinzip auch mehrere Dienste gleichzeitig über einen Anschluß und eine Leitung abgewickelt werden (z.B. TELEFAX empfangen und zugleich Telefongespräch führen).

Gleichzeitig soll die Nutzung der Postdienste vor allem billiger werden. So entfallen mehrfache Anschlußkosten und monatliche Grundgebühren. Während für ein TELETEX-Anschluß eine Grundgebühr von 180,- DM anfällt, ist ein ISDN-Basisanschluß, an den bis zu 8 unterschiedliche Endgeräte angeschlossen werden können, für 74,-DM zu haben. Dabei können bereits angeschaffte Geräte weiterverwendet werden.

NETZWERKE

Terminalbetrieb oder Netzwerk?

In den 60er- und 70er-Jahren waren auf dem Computersektor ausschließlich die Groß- und Minirechner vertreten. In einer speziellen EDV-Abteilung oder zumindest in einem besonderen Raum standen Computer-„Schränke“ und die zugehörigen Peripheriegeräte für Massenspeicherung (Festplattensysteme oder Magnetbandgeräte) und Ausdruck. Hier fand die allgemeine Wartung und Steuerung der Geräte sowie die Verwaltung der Daten statt.

Die Erfassung und die Arbeit mit den Daten geschah jedoch in der jeweiligen Abteilung, in der diese anfielen. Erfassung und Speicherung der Daten waren damit räumlich getrennt. Jeder Computer-Arbeitsplatz war mit einem Bildschirm und einer Tastatur ausgerüstet und dann mit dem eigentlichen Computer über ein Kabel verbunden. Damit konnten Abfragen an den gemeinsamen Datenbestand getätigt werden und die Abfragen konnten auf dem Bildschirm erscheinen. Die eigentliche Ermittlung der Daten, die

„Rechenarbeit" wurde ausschließlich im Groß- bzw. Minirechner ausgeführt, der allein über einen Prozessor verfügte.

Dieses Verfahren ist durchaus nicht bloße Vergangenheit, sondern wird auch heute noch bei Großrechnern angewandt. Bei der Haftpflichtversicherung für Ihr Auto brauchen Sie nur die Aufschrift Ihres Nummernschilds anzugeben. Der Mitarbeiter der Versicherung kann diese Daten über die Tastatur eingeben und auf dem Bildschirm die Richtigkeit der Eingabe mitverfolgen. Über das Kabel werden nun an den Computer die Daten Ihres Nummernschilds übergeben, der dann die Gesamtdaten Ihrer Versicherung auf den Bildschirm des Mitarbeiters überspielt.

Muß der Computer zur gleichen Zeit viele dieser Anfragen von mehreren Mitarbeitern beantworten, kann die Antwort einen Augenblick auf sich warten lassen (das nennt man „Antwortzeit"). Dies ist zuweilen ein echtes Problem, wenn Prozesse höherer Priorität ausgeführt werden müssen. Möglicherweise werden Sie eine oder mehrere Minuten auf eine Reaktion des Rechners warten müssen.

Ein Problem taucht leider immer dann auf, wenn der Computer — aus Wartungsgründen oder weil eine Störung aufgetreten ist — nicht angesprochen werden kann. Es ist dann überhaupt keine Bearbeitung von Daten mehr möglich!

Diese Art der Arbeit mit dem Computer wird übrigens „Terminal-Betrieb" genannt. Ein Terminal ist die Arbeitsstation des jeweiligen Sachbearbeiters — also Tastatur und Bildschirm. Es ist meist auf die beschriebenen Funktionen Erfassung, Übermittlung und Entgegennahme von Daten beschränkt und kann nichts ohne den Computer selbständig erledigen — es ist ein „dummes Terminal". Ein Vorteil des Terminalbetriebs gegenüber der Ihnen bereits bekannten Arbeit mit einem Personal Computer ist sicherlich die gemeinsame Nutzung des gesamten Datenbestands von allen Mitarbeitern. Auch die Programme können zentral gepflegt und verwaltet werden, teure Hardware-Bestandteile wie Drucker und Festplatten müssen nicht für jedes Gerät angeschafft werden.

Großrechner-Betriebssysteme wie BS2000 von Siemens, MVS von IBM oder das VMS der Digital Equipment Corporation erledigen ihre Arbeit im Terminalbetrieb, allerdings in der Regel auch das Minirechner-Betriebssystem UNIX.

Als Netzwerk bezeichnet man den Zusammenschluß mehrerer PC. Der wichtigste Unterschied zum Terminal-Betrieb besteht darin, daß im Netzwerk jeder Personal Computer eine unabhängige Arbeitsstation bleibt. Das bedeutet zum einen, daß im PC eingebaute Festplatten oder Diskettenlaufwerke mitbenutzt werden können, zum anderen vor allem, daß der Prozessor des PC weiterhin alle Arbeiten verrichtet. Während jedes neue Terminal den Terminal-Betrieb verlangsamt, erhöht jeder neue Personal Computer im Netzwerk die Leistungsfähigkeit des Gesamtnetzes.

Im wesentlichen hat ein PC-Netzwerk also ähnliche Aufgaben wie der Terminal-Betrieb. Gute Farb- oder Laserdrucker kosten heute noch 10000,- bis 20000,- DM oder sogar darüber, große oder besonders schnelle Massenspeicher leicht ebensoviel. Es wird sich also keine Firma leisten, jeden PC mit derartigen Geräten auszurüsten. Auf der anderen Seite ist es umständlich, eigene Daten jeweils auf Disketten zu speichern und dann — mit diesen Disketten ausgerüstet — jeweils den Computer zu benutzen, der das erforderliche Gerät steuert. In einer solchen Situation kann es auch leicht zu Wartezeiten kommen, wenn dieses Gerät im Moment nicht frei ist. Über ein Netzwerk nun können alle angeschlossenen Computer die Peripheriegeräte mitbenutzen. Bei Speichervorgängen wird es hier kaum zu Verzögerungen kommen, Drukker können natürlich immer erst dann angesprochen werden, wenn ein anderer Benutzer einen Druckvorgang vollständig abgeschlossen hat.

Daneben ist auch der Datenbestand jeweils up-to-date und kann von allen Teilnehmern gemeinsam genutzt werden. Auch von vielen häufig genutzte Programme können zentral verwaltet und angesprochen werden. Dies entlastet den eigenen Speicher des PC. Sind individuelle Arbeiten zu verrichten, so kann der PC jederzeit durch ein einfaches Kommando aus dem Netzwerk herausgenommen werden und als eigenständige Einheit weiterarbeiten.

Kommunikation, gemeinsame Nutzung der Hardware und Flexibilität im Einsatz des PC sind also die Hauptgründe, die für den Aufbau eines Netzwerks sprechen. Hierzu im folgenden mehr.

Lokale Netzwerke (LAN)

Als lokales Netzwerk (local area network = LAN) bezeichnet man ein Netzwerk, das in einem Raum, in einem Gebäude oder auf dem Gelände eines Betriebs installiert wurde. Es ist durch ein gemeinsames Kabel verbunden und arbeitet mit einer Netzwerksoftware.

Die eben geschilderten Vorteile können so in einem klar umgrenzten Raum genutzt werden.

Daneben wird heute immer häufiger von WAN's und GAN's gesprochen. Als WAN (**w**ide **a**rea **n**etwork) bezeichnet man Netzwerke, die über Datenfernübertragung (s. Postdienste) etwa Paris mit Düsseldorf und London verbinden. Ein GAN (**g**lobal **a**rea **n**etwork) umspannt den gesamten Erd-

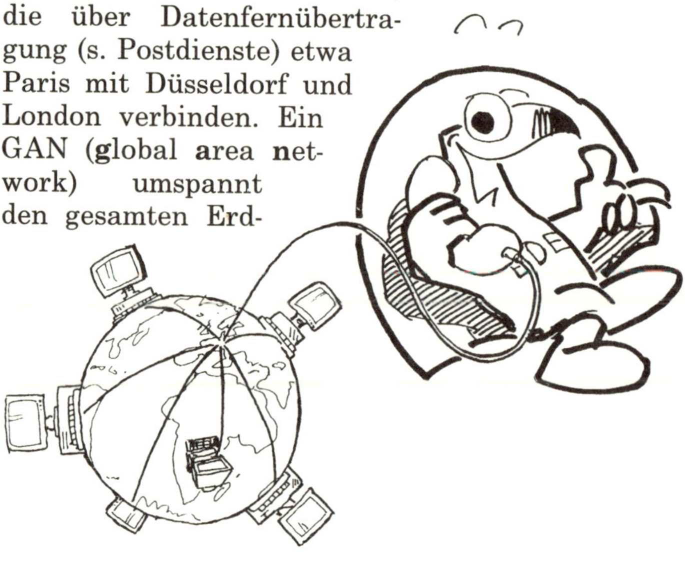

ball in der Verbindung verschiedener örtlicher Netzwerke.

Aufbau

Lokale Netzwerke werden — soviel wissen Sie schon — aus dem Zusammenschluß mehrerer Personal Computer gebildet. Dabei können die verwendeten Computern im Netz unterschiedliche Aufgaben übernehmen.

PC's, die lediglich als normaler Arbeitsplatz eines Sachbearbeiters genutzt werden, heißen Arbeitsstation (engl. **workstation**). Auf ihnen werden mit den zur Verfügung stehenden Programmen (eigenen oder Anwendungssoftware wie WORD oder DBASE) die täglichen Arbeiten ausgeführt. Jeder Benutzer geht mit ihnen um wie mit einem normalen PC. Die für den Netzwerkbetrieb nötigen Kommandos können z.B. in der autoexec.bat-Datei aufgerufen werden und so weitgehend unsichtbar bleiben.

Über eine Erweiterungskarte in einem Steckplatz des PC wird die Verbindung zum Netzwerk hergestellt. Die elektronische Logik auf dieser Karte sorgt dafür, daß die Datenübertragung innerhalb des Netzwerkes einwandfrei vorgenommen werden kann und Fehler im Kommunikationsfluß bemerkt werden.

Damit das Netzwerk seinen oben vorgestellten Aufgaben gerecht werden kann, werden von einem oder mehreren leistungsstarken Computern besondere Aufgaben wahrgenommen. Sie „bedienen" die einzelnen Arbeitsstationen mit den benötigten Programmen oder Daten, oder sie steuern und überwachen etwa die Druckvorgänge auf den teuren Farb- oder Laserdruckern. Diese Dienstleistungscomputer werden entsprechend **Server** genannt.

Programme und Daten stellt der **File Server** zur Verfügung, daneben gibt es auch Druck- oder Disk-Server. Der File Server, der fast immer vorhanden ist, beinhaltet auch das eigentliche Betriebssystem, das das gesamte Netzwerk steuert.

Dient ein Computer ausschließlich als server, so spricht man von einem **dedicated server**. Wird der Computer gleichzeitig als Arbeitsstation benutzt, bezeichnet man ihn als **non-dedicated server**.

Der File Server wird meist als dedicated server genutzt, damit er in seinen Aufgaben für das Funktionieren des gesamten Netzes nicht gestört wird. Fällt er nämlich aus, ist das gesamte Netz lahmgelegt. Klar sollte Ihnen inzwischen sein, daß nur ein Computer mit einem multitasking-fähigen Prozessor (80286, 80386, 68020 oder 68030) Server-Aufgaben übernehmen kann, denn er muß ja jederzeit in der Lage sein, mehrere Programm- oder Datei-Anfragen gleichzeitig entgegenzunehmen und abzuwickeln.

Soll das Netzwerk die Möglichkeit bieten, auch mit anderen Netzen oder einem Großrechner zu kommunizieren, so muß ein Computer hierzu die Verbindung schaffen und kontrollieren. Er wird **Gateway** genannt. In ihm muß u.a. auch die Umcodierung von ASCII in EBCDIC und umgekehrt vorgenommen werden, wenn ein Großrechner angesprochen werden soll.

Die eigentliche Verbindung der Computer untereinander wird durch spezielle Kabel vorgenommen. Bei der Planung eines Netzwerks stellt die Verkabelung einen nicht zu unterschätzenden Kostenfaktor dar. Vor allem ist zu überlegen, welche Entfernungen zwischen den einzelnen Rechnern zu überbrücken sind, ob besondere Abschirmungen der Kabel wegen elektrischer Störfelder erforderlich sind und wie das Netzwerk auch in Zukunft weiterwachsen soll.

Grundsätzlich unterscheidet man zwischen verdrillten Leitern, Koaxial- bzw. Twinaxial-Kabeln und Glasfaser-Kabeln.

❶ Verdrillte Leiter reichen für einfache Verbindungen aus und sind relativ preisgünstig.

❷ Koaxial-Kabel werden z.B. beim Fernseh-Antennen-Anschluß eingesetzt und bieten eine bessere

Abschirmung als einfache verdrillte Leiter. Sie sind allerdings nicht sehr biegsam und werden so meist für die Überbrückung größerer Entfernungen eingesetzt.

❸ Lichtwellenleiter (Glasfaserkabel) sind relativ teuer, aber sehr ausfallsicher, und erzielen hohe Übertragungsgeschwindigkeiten (in der nahen Zukunft sollen mehr als 100 Mbit/s erreicht werden können). Sie bieten daneben beste Sicherheitsbedingungen, weil sie nicht unbemerkt abgehört werden können, und werden deshalb auch im militärischen Bereich eingesetzt.

Bei Netzwerken ist ein bestimmter Aufbau der Rechner untereinander im Grundprinzip vorgeschrieben. Die räumliche Verteilung und die Art der Verkabelung untereinander wird die **Topologie** eines Netzwerks genannt. Dabei werden im wesentlichen 4 Typen unterschieden:

❶ Baum-Topologie

Bei einer Baum-Topologie laufen letztlich sämtliche Kabelstränge in einem Punkt zusammen, der Wurzel.

Bei einer Baumstruktur ist der Verkabelungsaufwand sehr groß, denn jeder Rechner steht direkt oder indirekt mit jedem anderen Rechner in Verbindung. Dadurch wird auch die Kontrolle der Datenübertragung sehr aufwendig. In der Praxis wird diese

Topologie selten angewandt. Meist benutzt man sie in ihrer reduzierten Form, dem Bus.

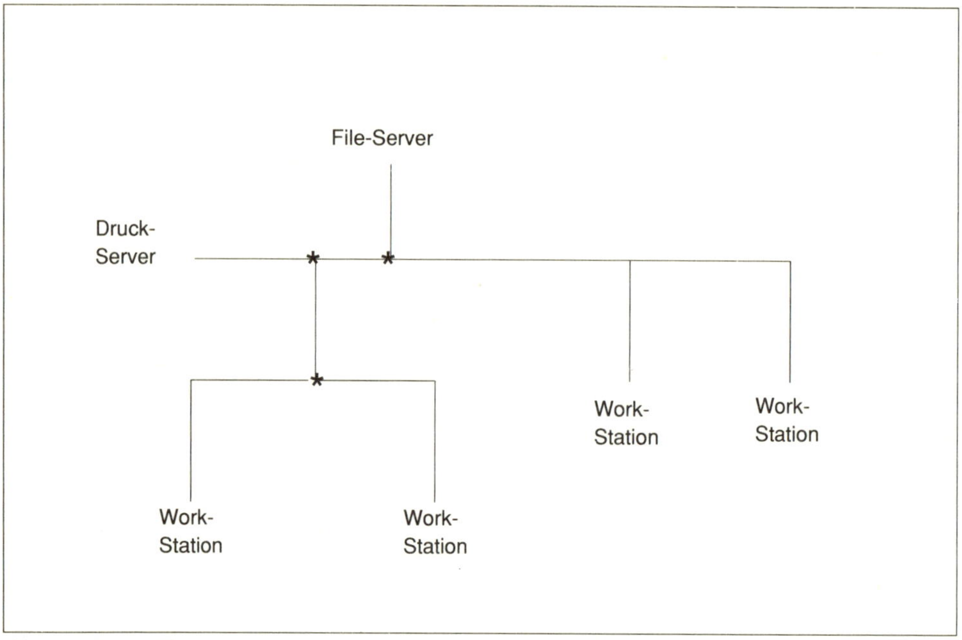

Abb. 8: Baum-Topologie

❷ Bus-Topologie

Eine Bus-Topologie können Sie sich folgendermaßen vorstellen:

Über eine geradlinige Koaxial-Verkabelung mit eigenen Stop-Punkten (Abschluß der Leitung durch elektrische Widerstände) werden die entsprechenden Rechner verbunden. Busnetze sind in der Regel wegen des Informationsverlusts, der bei einer Datenübertragung per Kabel ohne dazwischengeschaltete Verstärker auftritt, nicht sehr lang (selbst **mit** Verstärkern maximal 500 Meter), aber dafür relativ einfach zu installieren. Auch der Verkabelungsaufwand ist nicht sehr groß.

Typischer Vertreter für eine Bus-Topologie ist das ETHERNET, seit mehr als 15 Jahren im Einsatz und eines der Standard-Netzwerke. Es wurde von XEROX entwickelt und u.a. von DEC benutzt. Bei Übertragungsraten von bis zu 10 Mbit/s ist das ETHERNET recht schnell. Durch das verwendete Protokoll (s. unten) wird diese Geschwindigkeit allerdings nur theoretisch erreicht.

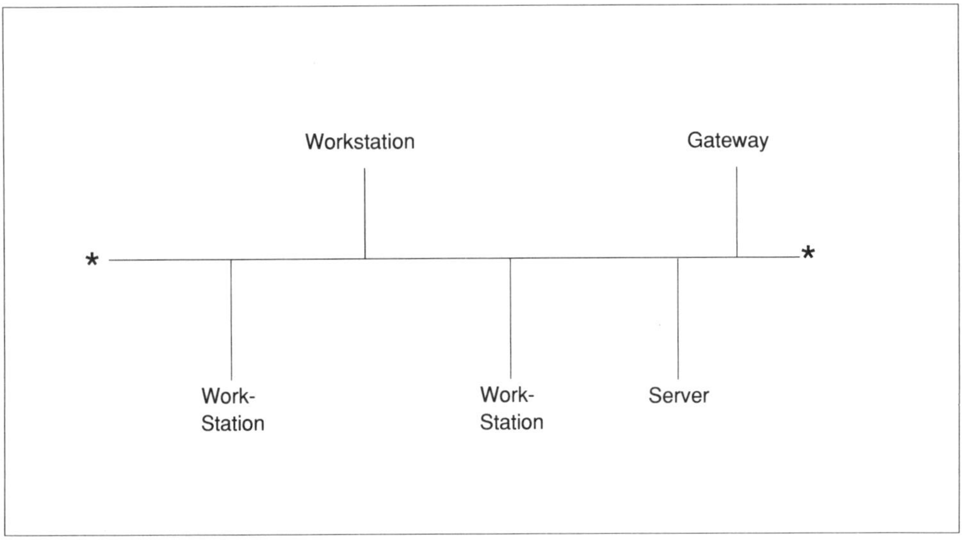

Abb. 9: Bus-Topologie

❸ Ring-Topologie

Immer häufiger für den Aufbau von Netzen benutzt wird die Ring-Topologie. Hier streben die Kabel keinem gemeinsamen Mittelpunkt zu, sondern Verbindungen werden ringförmig von Rechner zu Rechner gezogen, wie bei einem Kreisverkehr.

Durch die Ring-Verkabelung erzeugt jeder Rechner ankommende Daten neu und leitet sie anschließend weiter. Dadurch wird die Gefahr des Informationsverlusts vermindert. Zudem kann der Sender seine Übertragung noch einmal kontrollieren, da die Daten abschließend zu ihm zurückfließen können. Ein solches Verfahren wird von einem der verbreitetsten Netzwerk-Konzepte benutzt, dem Token-Ring von IBM (s. unten).

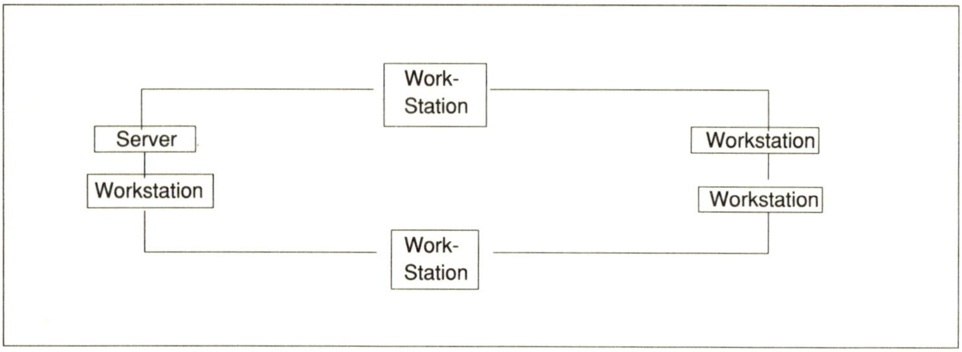

Abb. 10: Ring-Topologie

❹ Stern-Topologie

Die Stern-Topologie wird in der Praxis selten benutzt. Hierbei hat jede Arbeitsstation eine direkte Verbindung zu einem Zentralrechner.

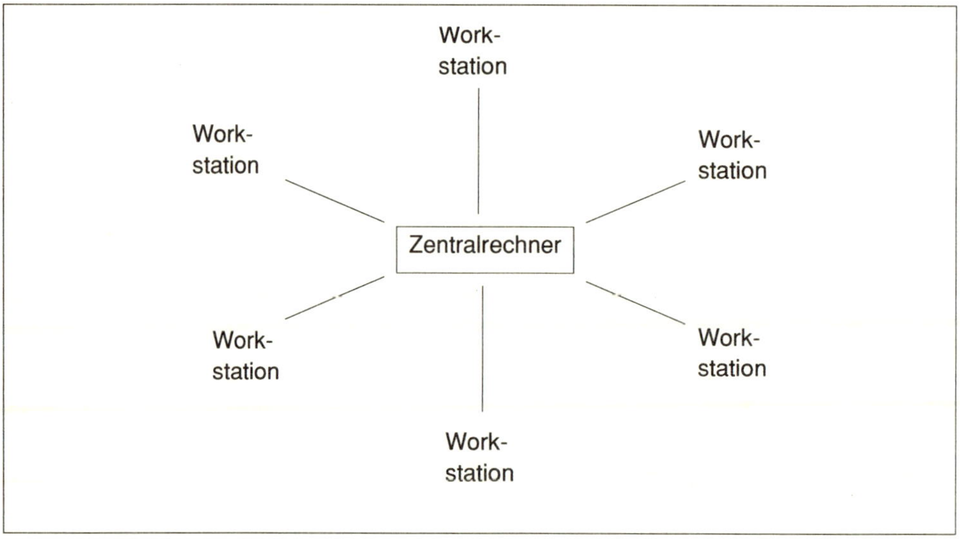

Abb. 11: STERN-Topologie

FUNKTIONSWEISE LOKALER NETZWERKE

Neben der Hardware (Rechnertypen, Verkabelung, Einsteckkarten und Topologien) muß natürlich auch die Software ihren Teil zum Funktionieren eines Netzwerks beitragen. Zum einen ist die Sicherstellung einer einwandfreien und gegenseitig verständlichen Datenübertragung von Bedeutung, zum anderen müssen auch die Programme in der Lage sein, z.B. gerade in Bearbeitung befindliche Daten für den allgemeinen Zugriff zu sperren, damit kein Informationschaos ausbricht.

Hierzu hat die International Standard Organization (ISO — vergleichbar mit dem deutschen Institut für Normung — DIN) schriftlich bis ins Detail elektrischer Spezifikationen von Kabeln ein Referenzmodell für Netzwerk-Systeme formuliert. Dieses Standardmodell wird OSI (Open Systems Interconnection — Verbindung offener Systeme) genannt. Aufgrund dieser Bezeichnungen wird auch häufig vom ISO/OSI-Modell gesprochen.

Dieses hochtheoretische Modell, auf das hier natürlich nur kurz eingegangen werden kann, beschreibt in 8 Schichten (0-7) Normen für den grundsätzlichen Aufbau von Netzwerken:

Schicht 0:	Art der möglichen Kabel
Schicht 1:	Art der möglichen Topologien
Schicht 2:	Übertragungsprotokolle
Schicht 3-5:	Allgemeingültige Grundroutinen (NETBIOS)
Schicht 6:	Grundroutinen des Betriebssystems
Schicht 7:	Dienst- und Anwenderprogramme (Utilities)

Zu einigen der genannten Schichten haben Sie bereits Informationen erhalten, so zu Kabeln und Topologien, die hardwaremäßig realisiert werden müssen.

Die Schichten 2 bis 5 werden durch die verwendete Einsteckkarte beim Aufbau eines Netzwerks bestimmt und werden in PROM-Bausteinen geliefert.

Die Schichten 6 und 7 werden ausschließlich von bestimmter Netzwerk-Software abgedeckt.

Übertragungsprotokolle

Übertragungsprotokolle sorgen bei der Übermittlung von Daten dafür, daß kein Informationschaos entstehen kann und die Übermittlung sicher erfolgt.

Dies ist auf der einen Seite ein technisches Problem, denn kein Rechner darf Daten senden, wenn es über die gleiche Leitung gerade ein anderer Rechner übernimmt. Zum anderen muß klar sein, welcher Rechner im Netz die Information überhaupt bekommen soll.

Bekannt hierfür sind besonders zwei Verfahren geworden: CSMA/CD und Token Ring.

❶ **CSMA/CD** (Carrier Sense Multiple Access / Collision Detection) bedeutet, daß vor Beginn einer Datenübertragung (Anforderung eines Anwendungs-Programms wie Excel, zu speichernde Daten, Mitteilungen etc.) zunächst das Netzwerk daraufhin überprüft wird, ob gerade eine andere Station Daten übermittelt. Ist dies der Fall, kann keine Sendung erfolgen. Nach einer kurzen Zeitspanne wird jedoch automatisch ein neuer Versuch gestartet. Nun kann es natürlich geschehen, daß gerade in diesem Moment ein anderer Rechner ebenfalls eine Übermittlung vornimmt — es kommt zur Kollision und die Daten beider Stationen werden zerstört. Mit Hilfe des Protokolls werden jedoch diese Kollisionen erkannt, beide Rechner brechen ihre Übertragung ab und starten in unterschiedlichen Zeitintervallen einen neuen Versuch. CSMA/CD wird als Übertragungsprotokoll im ETHERNET verwendet.

❷ Der **Token Ring** ist ein von IBM in Ring-Topologien verwendetes Übertragungsprotokoll, daß von folgendem Verfahren ausgeht. Ein spezielles Bitmuster, Token genannt, wandert im Netz von

Station zu Station. Werden keine Daten übertragen, kann jede Station nach Empfang des Token mit einer Datenübertragung beginnen. Dann wird das Bitmuster ein wenig abgewandelt — das Token ist „belegt". Nun geben alle weiteren Stationen das „Belegt"-Token und die zu übermittelnden Daten an die jeweils nächste Station weiter, auch die Empfangsstation. Schließlich gelangt das Informationspaket an die Sendestation zurück. Diese überprüft — wie bei der „stillen Post" — , ob die Daten noch identisch mit den übertragenen Daten sind und quittiert die Richtigkeit der Übertragung, indem sie das Token wieder freigibt. Diese Methode ist sehr sicher und wenig aufwendig. Je mehr Computer allerdings im Netz arbeiten, desto länger wandert ein belegtes Token im Netz und verhindert, daß eine andere Station eine Datenübermittlung vornehmen kann.

Grundroutinen

Zu den Grundroutinen im Netzwerkbetrieb gehört zum ersten das Aktivieren des Netzwerks. Hierzu müssen bestimmte Programmaufrufe getätigt werden, die z.B. über die autoexec.bat-Datei aktiviert werden können. Beim Aufbau und der Wartung des Netzwerks wird festgelegt, welche Computer im Netz sind und welche Aufgaben (Server u.a.) sie zu erledigen haben. Dabei wird jeder Rechner im Netz mit einem eigenen Namen versehen und alle Datenübertragungen bedienen sich dieses Namens, um die Adresse des Datenpakets festzulegen. Schließlich muß auch das Mitteilungssystem organisiert und verwaltet werden — die elektronische Post.

Betriebssystem

Grundlegend für die Arbeit in Netzwerken ist auch das verwendete Betriebssystem. MS-DOS bietet seit Version 3.1 selbst Netzwerkdienste an und erlaubt Netzwerkbetrieb ohne ein zusätzliches Netzwerkbetriebssystem. Zu den Netzwerkdiensten von DOS gehören eine gemeinsame Dateiverwaltung (File-Sharing) nebst Zugriffschutz für Dateien und die grundsätzliche Möglichkeit, überhaupt gemeinsame Datenbereiche auf einem anderen Rechner anzusprechen (hierzu wird z.B. ein doppelter Backslash, gefolgt vom Rechnernamen eingegeben). Server können unter MS-DOS allerdings nur dedicated verwendet werden. Auch die Arbeitsspeicherverwaltung und Zugriffszeiten für die Festplatte lassen MS-DOS nicht als optimal im Netzwerkbetrieb erscheinen.

Dagegen ist OS/2 bereits ganz auf den Einsatz als Netzwerkbetriebssystem ausgerichtet und kann problemlos genutzt werden, ebenso XENIX (UNIX).

Welche Aufgabe hat nun das „normale Betriebssystem" in einem Netzwerk? Ganz einfach - es ermöglicht das problemlose Arbeiten mit den Anwendungsprogrammen, die wir auch ohne Netzwerk immer benutzt haben — WORD, Lotus 1-2-3, Excel, DBase, Rbase etc. sind jeweils Programme, die für den Einsatz unter MS-DOS oder OS/2 programmiert worden sind. Sie benutzen deshalb die Dienste des Betriebssystems etwa beim Speichern von Dateien oder beim Abfragen der Tastatureingaben.

Diese Funktionen müssen selbstverständlich genauso im Netzwerk gesichert sein. Dies garantiert uns als Anwendern allerdings, daß unsere gewohnten Programme auch im Netzwerkbetrieb einsatzfähig sind. Sog. Netzwerkversionen der Standardsoftware unterstützen daneben ebenfalls bestimmte Netzwerkoptionen wie Zugriffsschutz auf Dateien und Datensätze.

Die Schicht 7 ist schließlich durch die eigentlichen Netzwerkdienstprogramme gekennzeichnet. Dazu gehören das Einrichten von Server- oder Druckersteuerungs-Funktionen auf einem Rechner, aber auch erweiterte Zugriffsrechte auf Platten oder Dateien und somit der allgemeine Datenschutz im Netzwerk. Beispiele hierfür sind MS-NET von Microsoft oder PC-Networks von IBM, vor allem aber auch 3+Open von 3COM, das auf dem OS/2 LAN-Manager von Microsoft aufbaut.

ADVANCED NETWARE und der OS/2 LAN-MANAGER

Zum Abschluß unserer Betrachtung sollen zwei bekannte Netzwerk-Betriebssysteme kurz vorgestellt werden.

Derzeitiger Standard mit einem Marktanteil von ca. 50% bei Neuinstallationen von Netzwerken ist die Firma NOVELL mit ihrer ADVANCED NETWARE.

NETWARE ist ein typisches Netzwerk-Betriebssystem, das die Schichten 6 und 7 von OSI abdeckt. NETWARE wird auf dem Server installiert und ersetzt dort vollständig das Standard-Betriebssystem MS-DOS, so daß die obengenannten Einschränkungen bei der Benutzung von MS-DOS entfallen. Allerdings sind die von NETWARE bereitgestellten neuen Funktionen voll MS-DOS-kompatibel, so daß die Verwendung „normaler" Anwendungsprogramme kein Problem darstellt.

Neben der Konfiguration und Steuerung der Grundfunktionen des Netzwerks bietet NETWARE eine Reihe zusätzlicher Optionen, die es aus der Reihe der anderen Netzwerk-Systeme heraushebt.

Als Beispiel sei hier die Organisation der Festplatte beim Server genannt. Durch Veränderung des Aufzeichnungsformats ist die Festplatte von MS-DOS aus nicht ansprechbar, was die Datensicherheit beträchtlich erhöht. Daneben hat man vor allem eine Reihe von Verfahren entwickelt, die die Zugriffszeiten auf die Festplatte des Servers erheblich verringern. So werden die Directories nach dem Starten des Servers im RAM gespeichert, was das Auffinden der geforderten Daten beschleunigt. Auch die Bewegungen des Schreib-Lese-Kopfes konnten durch verbesserte Steuerungsroutinen optimiert werden. Außerdem sind jederzeit reaktivierbare Sicherheitskopien der für die Datenspeicherung wichtigsten Bereiche (FAT, Directory) der Festplatte vorhanden und es kann sogar festgelegt werden, daß die gesamte Datenverwaltung auf zwei Festplatten gleichzeitig erfolgt, so daß ständig ein vollständiges Duplikat des Datenbestandes der einen Festplatte vorhanden ist.

Auch der Zugriffschutz für die Daten ist effektiv weiterentwickelt worden. Neben den aus MS-DOS bekannten Dateiattributen können hier paßwortgeschützte Benutzer-, Gruppen- und sogar Directory-Rechte vergeben werden. Dies entspricht etwa dem XENIX/UNIX-Standard.

Letztlich ist Novell's Netware als „offenes System“ nicht auf bestimmte Rechnertypen oder Netzwerkkarten und -topologien beschränkt. In seiner leistungsfähigsten Version können hier Apple-Macintosh-Rechner neben IBM-PS/2 und Olivetti-Computern eingesetzt werden und Daten über ein Gateway mit einem Siemens-Großrechner austauschen. NETWARE-Netze sind zudem relativ einfach auszubauen.

Größter Konkurrent in der nächsten Zukunft wird für Novell's NETWARE der OS/2-LAN MANAGER von Microsoft und 3COM sein. Mit der Weiterentwicklung von OS/2 zum Standard-Betriebssystem der 90er-Jahre wird auch die weitergehende Nutzung der im Betriebssystem angelegten Netzwerk-Funktionen erfolgen und noch ausgebaut werden. Der LAN-Manager erlaubt die Arbeit mit dem gleichen Betriebssystem an allen Rechnern, so daß problemlos auch non-dedicated Server eingesetzt werden können. Dies ist vor allem bei kleineren Netzen ein Raum- und vor allem Kosten-Vorteil.

Auch der LAN-Manager kennt ein UNIX/XENIX-ähnliches Zugriffsschutzverfahren mit Passwörtern, verzichtet aber auf ein inkompatibles Aufzeichnungsverfahren für Festplatten — Nachteil: keine zusätzlichen Datenschutzfunktionen und keine Zugriffszeitoptimierung - Vorteil: die Daten bleiben vollständig OS/2-kompatibel und können auch über das Betriebssystem selbst angesprochen werden.

Als größtes Plus könnte sich allerdings herausstellen, daß Programmierer direkt übers Betriebssystem OS/2 Netzwerkfunktionen nutzen können und sich nicht in ein völlig fremdes System einarbeiten müssen. Während NOVELL sich also immer dem jeweiligen Betriebssystem anpassen muß, um Kompatibilität mit den Anwendungsprogrammen zu behalten, können unter dem LAN-Manager als eigenes OS/2-Produkt die Ressourcen dieses Betriebssystems direkt genutzt werden.

Lernkontrollfragen

1\.

Unterscheiden Sie zwischen einem Modem und einem Akustik-Koppler.

✍ ____

2\.

Auf welchen öffentlichen Netzen werden Informationen analog übertragen?

✍ ____

3\.

Durch welche Geräte können analog ankommende Informationen in digitale übersetzt werden?

✍ ____

4\.

Nennen Sie ein Beispiel für jede der folgenden Übertragungsarten:

— simplex

— halbduplex

— duplex

Unterscheiden Sie zwischen Datex-L- und Datex-P. 5.

✍ ______________________________

In Zukunft sollen alle Verbindungsnetze in einem großen Netz vereinheitlicht werden: Wie heißt dieses Netz? 6.

✍ ______________________________

Was ist ein Netzwerk? 7.

✍ ______________________________

Was ist ein LAN? 8.

✍ ______________________________

Nennen Sie zwei bekannte Netzwerk-Betriebssysteme. 9.

✍ ______________________________

10.

Beschreiben Sie die Netzwerk-Topologien Baum, Bus, Ring und Stern.

✍ ___________________________________

✍ ___________________________________

✍ ___________________________________

Betriebssysteme

Lernziele:

In diesem Kapitel lernen Sie,

- **welche allgemeinen Aufgaben ein Betriebssystem erfüllen muß und**
- **welche Betriebsarten von Betriebssystemen unterschieden werden.**

EDE PFAU Betriebssystem

Aufbau und Funktion von Betriebssystemen

Das Betriebssystem — soviel wissen Sie schon — ist der Manager in Ihrem Computer.

Das Betriebssystem verwaltet Ihre Daten, ermöglicht den reibungslosen Ablauf Ihrer Programme und Anwendungssoftware und überprüft permanent die Funktionsfähigkeit der Hardware.

Vor allem aber wird erst durch das Betriebssystem eine Verständigung mit dem Computer ermöglicht. Ohne Betriebssystem ist der Computer nur eine Ansammlung von stummen, elektronischen Bauteilen.

Um als Benutzer eines Computers diese Bauteile ansprechen und zur Lösung unserer Probleme einsetzen zu können, benötigen wir die Hilfe des Betriebssystems.

In den Urzeiten der elektronischen Datenverarbeitung — den 30er und 40er-Jahren dieses Jahrhunderts — waren Betriebssysteme noch unbekannt. Jeder Rechner wurde maschinenabhängig in seiner eigenen Programmiersprache angesprochen. Programme wurden über entsprechende Verdrahtungen oder bestenfalls über Lochkarten oder Lochstreifen zum Ablauf gebracht. Speicher wie Magnetbänder oder Festplatten, von denen ein Betriebssystem zur Steuerung und Datenverwaltung abgerufen werden konnte, gab es zu dieser Zeit noch nicht.

Erst mit der Weiterentwicklung der Technik und dem Einsatz externer Speicher wurde die Möglichkeit geschaffen, ein Betriebssytem zu entwickeln, dessen erste Aufgabe es war, Benutzereingaben aufzunehmen und Datenspeicherung und -verwaltung durchzuführen.

Die ersten Betriebsysteme waren so nichts anderes als spezielle Programme, die diese Aufgaben der Systemsteuerung zu erfüllen hatten — eben die Systemprogramme.

Der Personal Computer als flexibles, programmierbares Instrument ist ohne Einsatz eines Betriebssystems gar nicht vorstellbar.

Beliebige Tastatureingaben werden aufgezeichnet und auf Ihre Befehlsinhalte überprüft, die Ausführung dieser Befehle eingeleitet und der erfolgreiche Programmlauf überprüft, Bildschirm- und Druckerausgaben überwacht und die komplette Speicherverwaltung übernommen.

Auch die Anwendungsprogramme wie z.B. WORD benötigen die Unterstützung des Betriebssystems, um einwandfrei ablaufen zu können. Bei Eingaben, beim Speichern, Laden und Drucken u.a. wird die Hilfe des Betriebssystems in Anspruch genommen.

Kurzum, wenn der Mikroprozessor als das steuernde Gehirn bezeichnet werden kann, so ist das Betriebssystem das Herzstück eines Computers. Von der Leistungsfähigkeit des Betriebssystems hängt entscheidend auch die Leistungsfähigkeit des Computers ab.

Betriebsarten

Betriebssysteme unterstützen verschiedene Betriebsarten. Eine Betriebsart kennzeichnet die Art und Weise, in der Daten verarbeitet werden können.

Stapelverarbeitung

Zu Beginn des Computer-Zeitalters konnte eine Verarbeitung von Daten immer nur nacheinander erfolgen. War das eine Programm beendet, konnte durch Einsatz eines neuen Lochkartenstapels oder durch das Laden vom Magnetband ein neues Programm andere Daten verarbeiten.

Diese Betriebsart wird entsprechend

STAPELVERARBEITUNG (BATCH-PROCESSING)

genannt. Hierbei ist es nicht möglich, während des Verarbeitungsganges neue Daten zu erfassen. Der Programmablauf liegt fest und kann während der

Verarbeitung durch den Benutzer nicht alternativ gesteuert oder verändert werden.

In dieser Betriebsart ist die Aufgabe des Betriebssystems auf die Ein- Ausgabe-Steuerung und -Überwachung beschränkt. Es kann dadurch nur unflexibel gearbeitet werden. Dennoch wird sie auch heute noch sowohl auf Großrechnern in Rechenzentren als auch auf Personal Computern oftmals angewendet, da sie für viele Programmabwicklungen ausreichend ist.

Alle der gegenwärtig eingesetzten Betriebssysteme sind immer fähig zum

DIALOGBETRIEB
(CONVERSATIONAL MODE).

Dialogbetrieb

Hierbei kann während der Verarbeitung eines Programms eine direkte Kommunikation zwischen Computer und Benutzer über das Betriebssystem stattfinden. Die Nutzung von Computersystemen wird dadurch erheblich effizienter, weil die im Stapelbetrieb auftretenden Wartezeiten erheblich verkürzt werden können.

Dies gilt prinzipiell und muß nicht in jedem Fall ausgenutzt werden — ist aber Voraussetzung für den Siegeszug des Computers in der Bürokommunikation.

Stellen Sie sich ein Textverarbeitungssystem vor, wo Sie zunächst einen Text komplett eingeben müssen, dann nach dem Ausdruck den gesamten Text prüfen, sämtliche Korrekturen auf einmal mit genauen Zeilen-/Spaltenangaben vornehmen, ohne auf dem Bildschirm die Gelegenheit zu haben, die Richtigkeit der Korrekturen sofort zu überprüfen — undenkbar! Jede Schreibmaschine mit Korrektursystem wäre diesem Vorgehen überlegen.

Einprogramm-Betrieb

Die ersten Personal Computer waren zudem zugeschnitten auf den

EINPROGRAMM-BETRIEB
(SINGLE-PROGRAMMING MODE).

Dabei kann das Betriebssystem nur jeweils ein Programm im Arbeitsspeicher verwalten, der Rechner also nur die Kontrolle an ein Programm übergeben. Ein neues Programm kann nur nach Abbruch oder Beendigung seines Vorgängers gestartet werden. Dazu muß das alte Programm ausgeladen und über einen externen Speicher das neue Programm in den Arbeitsspeicher eingeladen werden — ein Vorgang, der in jedem Fall Zeit kostet und ein wahlweises Umschalten zwischen Programmen nicht vorsieht.

Einzelplatz-Betrieb

Ergänzend zum Einprogramm-Betrieb muß der

EINZELPLATZ-BETRIEB (SINGLE-USER MODE)

genannt werden. Der Computer steht hier ausschließlich einem Benutzer zur Verfügung. Die Ausnutzung der Rechenzeit und der Systemressourcen (Festplatte, Drucker, Bildschirm usw.) hängen nur von ihm ab. Er kontrolliert allein das gesamte System. Wenngleich dies die Zielsetzung bei der Entwicklung von Personal Computern war, so ist diese Betriebsart doch wenig effizient, da der Prozessor bei Eingaben über die Tastatur nicht ausgelastet ist. Vielfach können die Systemmöglichkeiten gerade bei leistungsfähigeren PC's nicht ausgeschöpft werden.

Mehrprogramm-Betrieb

Demgegenüber bieten große und mittlere Anlagen seit Ende der 60er Jahre den

MEHRPROGRAMM-BETRIEB
(MULTIPROGRAMMING MODE).

Hierbei kann das Betriebssystem mehrere Programme im Arbeitsspeicher verwalten. Die Kontrolle über Prozessor und Ressourcen werden dabei immer zeitweise einem Programm übergeben. Diese Zuteilung erfolgt in der Regel zyklisch nach einem bestimmten Zeitintervall — ausgefeiltere Betriebssysteme bieten auch die Möglichkeit, Programmen Rechnerzeiten nach Prioritäten zuzuteilen.

Die jeweiligen Zeitabschnitte bemessen sich allerdings nach Mikro- und Millisekunden! Es ist daher meistens für den Benutzer nicht festzustellen, daß der Computer nahezu zeitgleich mehrere Programme abarbeitet.

Ergänzend hierzu ist auf den

Mehrplatz-Betrieb

MEHRPLATZ-BETRIEB (MULTI-USER MODE)

hinzuweisen. Die Rechenzeit wird hier nicht nur zwischen verschiedenen Programmen, sondern auch auf verschiedene Benutzer verteilt, die an unterschiedlichen Geräten arbeiten. Standard für diese Betriebsart ist die Arbeit an Terminals, die — möglicherweise in Büroräumen über mehrere Etagen verteilt — alle zentral an einen Großrechner angeschlossen sind (vgl. Kapitel über Netzwerke).

Großrechner arbeiten darüber hinaus im

Zeitscheiben-Betrieb

ZEITSCHEIBEN-BETRIEB
(TIME-SHARIJG MODE)

Hiermit ist die oben bereits beschriebene Aufteilung der Rechnerzeit auf verschiedene Benutzer gemeint.

Die Zeitaufteilung kann nach Prioritäten erfolgen. Dabei bekommen Aufgaben mit großer Wichtigkeit für den Betrieb eine höhere Priorität und damit einen größeren Anteil an Rechnerzeit zugewiesen. Die Aufteilung kann aber auch in gleichen Anteilen für alle Benutzer vorgenommen werden, wobei jeder in regelmäßigen, sehr kleinen Abständen „an der Reihe" ist. Die „Zeitscheiben", in denen die für einen Benutzer zur Verfügung stehende Rechnerzeit festgehalten werden, können also unterschiedlich groß sein. Die für den Rechner entstehenden Wartezeiten bei der Arbeit mit den langsamen Peripheriegeräten können jedoch durch „Weiterschalten" der Zeitscheibe jeweils überbrückt werden, so daß eine größere Auslastung des Systems erreicht werden kann. Andererseits können im Normalbetrieb für jeden Benutzer merkbare „Antwortzeiten" (Reaktion des Rechners auf eine Eingabe oder Programmanforderung) entstehen, die eine Bewältigung eigener Aufgaben verlangsamen.

Echtzeit-Betrieb

Bei industriell eingesetzten Computersystemen ist dies nicht annehmbar. Kritische Prozesse wie die Steuerung eines Hochofens oder einer industriellen Fertigungsanlage dürfen keine unvorhersehbaren Antwortzeiten zulassen. Auf Fehlersituationen etwa muß vom Computer sofort reagiert werden können. Das Betriebssystem muß daher auf einen

ECHTZEIT-BETRIEB (REALTIME MODE)

eingerichtet sein. Hierbei wird jede Dateneingabe sofort verarbeitet und der Computer unterbricht seine gegenwärtige Tätigkeit, um die neue Situation zu bewältigen. Im Echtzeit-Betrieb ist das Antwortverhalten des Rechners exakt im voraus zu bestimmen.

Zusammenfassend läßt sich folgende Zuordnung treffen:

Ein klassischer Großrechner kann mit Mehrprogramm- und Mehrplatz-Betrieb im Time-Sharing-Verfahren eine Anzahl unterschiedlicher Benutzer an verschiedenen Geräten nahezu zeitgleich bedienen.

Der Personal-Computer ist darauf eingerichtet, die Arbeit eines Benutzers an einem Gerät mit einem Programm zu unterstützen.

Das Standard-Betriebssystem hierzu heißt MS-DOS.

Das Betriebssystem MS-DOS

Lernziele:

In diesem Kapitel lernen Sie,

- **was das Betriebssystem MS-DOS besonders auszeichnet,**
- **aus welchen Bestandteilen MS-DOS besteht und wozu diese dienen,**
- **in welcher Form MS-DOS Dateinamen akzeptiert und was „Jokerzeichen“ sind,**
- **wie MS-DOS Befehle entgegennimmt und was „interne“ und „externe“ Befehle sind,**
- **wie mit MS-DOS Systeminformationen abgefragt werden können,**
- **wie Sie unter MS-DOS Dateien anzeigen lassen, kopieren, vergleichen, löschen, umbenennen und ausgeben können,**
- **was ein „Verzeichnis“ ist, wie Sie es anlegen und löschen, wie Sie zwischen Verzeichnissen wechseln und mit Verzeichnissen arbeiten,**
- **wie Sie Disketten für die Arbeit mit MS-DOS vorbereiten und komplette Disketteninhalte kopieren können,**
- **in welcher Form eine Datensicherung durchgeführt werden kann,**
- **wie Sie selbst unter MS-DOS Dateien erstellen können und**
- **welche Aufgaben die Dateien autoexec.bat und config.sys erfüllen.**

MS DOS — Betriebsstoff für den PC!

Geschichtliche Entwicklung

Als im Sommer 1981 die IBM ihren ersten Personal-Computer vorstellte — den IBM-PC — begann mit dem Siegeszug dieser Computer-Idee der Siegeszug des in ihm verwendeten Betriebssystems.

Dieses war auf der Grundlage des bis dahin leistungsstärksten Betriebssystems für Kleincomputer, CP/M, programmiert und von der Firma MICROSOFT weiterentwickelt worden. Weil es von der im PC eingebauten Diskettenstation gestartet werden kann, erhielt es den Namen MS-DOS:

MICROSOFT **D**ISK **O**PERATING **S**YSTEM

MICROSOFT lizenziert MS-DOS für alle IBM- und IBM-kompatiblen Personal Computer. Die IBM-Version ist dabei mit einigen Zusätzen ausgerüstet und wird unter dem Namen PC-DOS verkauft. Faktisch sind allerdings MS-DOS und PC-DOS nahezu identisch.

Heute ist MS-DOS mit weltweit über 10 Millionen Installationen das mit Abstand verbreitetste Computer-Betriebssystem überhaupt. Im Personal-Computer-Bereich deckt es ca. 90 — 95% des Marktes ab.

Die vielberufene „IBM-Kompatibilität“ (der sogenannte „Industrie-Standard“), die die Anwendung eines bestimmten Software-Produkts auf nahezu jedem PC garantiert und so Software-Investitionen auch bei Wechsel der Computer-Firma sichert, fußt auf zwei Faktoren: den Mikroprozessoren der Firma INTEL und dem für diese Prozessoren entwickelten Betriebssystem MS-DOS.

Immer wieder erweitert und verbessert liegt es mittlerweile in den Versionen 3.3 und 4.0 bzw. 4.01 vor und bietet darin mehr als 50 für ein Einzelplatz-Computer-System nötige Dienstprogramme an, einschließlich der Möglichkeit, PC's mit MS-DOS in einem Netzwerk zu betreiben. Neben der Anzahl der Installationen garantiert auch das Software-Angebot (ca. 10000 verfügbare Anwendungen) ein Weiterbestehen der „MS-DOS-Welt“ in den nächsten Jahren.

Der technische Fortschritt vor allem bei den Mikroprozessoren wird allerdings die Marktanteile in der Zukunft sinken lassen. MS-DOS wurde für die 16-bit-INTEL-Prozessoren 8088 und 8086 entwickelt, die in den IBM-PC's und Kompatiblen eingebaut wurden. Dies setzt der Leistungsfähigkeit des Betriebssystems natürlich Grenzen.

INTEL hat mittlerweile drei neue Prozessorgenerationen in Serie produziert (s.o.) und eine vierte — den 80486 — vorgestellt. Sie alle verfügen über grundsätzlich neue Möglichkeiten, die unter MS-DOS nicht ausgenutzt werden können — das Betriebssystem zahlt hier den Tribut für seinen Erfolg, weil es immer Kompatibilität mit vorherigen Versionen garantiert hat und so auch heute noch auf den leistungsschwächsten Komponenten fußt.

Den Betriebssystemen UNIX bzw. XENIX sowie der IBM/Microsoft Weiterentwicklung BS/2 (OS/2) gehört sicherlich die Zukunft — doch dazu später mehr.

Aufgaben von MS-DOS

MS-DOS erfüllt im wesentlichen drei Aufgaben:

❶ Schnittstelle zwischen Anwender und Computer

Eine Schnittstelle, soviel wissen Sie bereits, ist im Computer-Jargon ein Treffpunkt. Über MS-DOS treffen sich demnach Benutzer und Computer, d.h. MS-DOS überprüft jede Benutzer-Eingabe danach, welcher Befehl gewählt wurde oder welches Programm gestartet werden soll. Es i n t e r p r e t i e r t Ihre Tastatureingaben.

Fehlerhafte Eingaben führen schlimmstenfalls dazu, daß Sie den Computer einmal neu starten müssen. Meist erhalten Sie lediglich eine Fehlermeldung, die Sie auf die Art des Fehlers aufmerksam macht. MS-DOS ist in jedem Fall nicht nachtragend: Im Anschluß an eine versehentliche Falsch-Eingabe kann sofort ein neuer Anlauf genommen werden.

Auch Meldungen des Computers an Sie werden von MS-DOS verwaltet und Ihnen über den Bildschirm zugänglich gemacht.

Wenn kein spezielles Anwendungsprogramm aktiv ist, dann gilt: Wann immer Sie mit Ihrem Computer „reden" — MS-DOS wird Ihnen antworten.

❷ Steuerung und Kontrolle der Ein- und Ausgaben

Die Aufgabe der Überwachung und Steuerung von Ein- und Ausgaben löst MS-DOS meist für den Benutzer unsichtbar. Dabei muß jeder Tastendruck zunächst interpretiert und dann auf dem Bildschirm abgebildet werden. Dies alles geschieht so schnell, daß wir das Gefühl haben, wir arbeiteten an einer Schreibmaschine.

❸ Verwaltung von Dateien auf Disketten und Festplatten

In seinem Grundkonzept unterstützt MS-DOS seit Version 2.0 lediglich die Arbeit mit Disketten und Festplatten — bei Benutzung anderer externer Speicher wie einem Streamer muß Zusatzsoftware die Steuerung dieses Geräts übernehmen. Trotzdem gehört die Verwaltung der Dateien auf Disketten und Festplatten zu den wichtigsten Aufgaben von MS-DOS. Jede Art logisch zusammenhängender Daten muß in Form von Dateien abgelegt werden. Über das Ansprechen dieser Dateien kann die dort gespeicherte Information jederzeit wiederbeschafft und ggf. verändert werden. Ohne dieses Merkmal wäre der Computer für viele Anwendungen unbrauchbar.

Bestandteile von MS-DOS

Jedes Betriebssystem besteht aus einem Bündel von Programmen, die zur Steuerung und Kontrolle der Arbeiten am Computer sowie für Routinetätigkeiten (Diagnose, Kopieren, Formatieren und Initialisieren ...) gebraucht werden.

Diese Programme sind unter MS-DOS selbst in Dateien abgelegt. Zu unterscheiden sind dabei auf der einen Seite Dateien, die für die Funktion des Betriebssystems notwendig vorhanden sein müssen, und auf der anderen Seite Dateien, die lediglich besondere Dienstleistungen zur Verfügung stellen, aber nicht zwingend erforderlich sind, um mit dem Computer arbeiten zu können.

Die **notwendigen** Dateien bezeichnet man auch als den

RESIDENTEN TEIL

des Betriebssystems. Resident meint hier, daß diese Dateien permanent im Arbeitsspeicher vorhanden sein müssen.

Die **nicht notwendigen** Dateien bezeichnet man auch als den

TRANSIENTEN TEIL

des Betriebssystems. Transient bedeutet, daß diese Dateien nur vorübergehend, für die Dauer ihrer Benutzung, im Arbeitsspeicher vorhanden sein müssen.

Der PC beginnt nur dann seine Arbeit, wenn der residente Teil des Betriebssystems komplett in den Arbeitsspeicher geladen wurde! Dies geschieht beim Systemstart automatisch (s.u.).

Der residente Teil besteht aus den beiden „versteckten“ Dateien IO.SYS und MSDOS.SYS (Ihr Vorhandensein bleibt dem normalen Benutzer verborgen, weil sie unter MS-DOS nicht angezeigt werden!) sowie der COMMAND.COM.

Die Datei **COMMAND.COM** stellt die eigentliche Schnittstelle zwischen Anwender und Computer dar (s.oben, Aufgabe 1). Sie ist auch der einzige Teil des Betriebssystems, mit dem der Anwender direkt arbeitet. Als „Simultanübersetzer“ nimmt Command.Com Befehle des Anwenders entgegen, interpretiert sie und übergibt die Verarbeitung an die entsprechenden Programme. Diese Datei wird deshalb auch „Befehlsinterpreter“ genannt.

Die **IO.SYS** enthält alle MS-DOS Programmteile, die Ein- und Ausgaben steuern und überwachen (s.oben Aufgabe 2). Jedesmal, wenn das Betriebssystem auf ein Gerät zugreift, wird die IO.SYS aktiviert. Oftmals bedient sie sich dazu allerdings der Hilfen, die das vom jeweiligen Computer-Hersteller in einem EPROM-Chip fest eingebaute sog.

ROM-BIOS (BASIC-INPUT-OUTPUT-SYSTEM)

bereitstellt. Dieser Hardware-Bestandteil sorgt u.a. auch dafür, daß nach dem Starten des Computers Testroutinen ablaufen können und das Betriebssystem in seinen residenten Teilen in den Arbeitsspeicher geladen wird!

Die Datei **MSDOS.SYS** schließlich enthält alle Routinen für die Dateiverwaltung (auch auf externen Speichern — s. Aufgabe 3). Sie ist auch an der Ausführung der MS-DOS-Befehle beteiligt.

Daneben enthält MS-DOS noch über ca. 60 Befehle — die zum Teil in die Command.COM integriert, zum Teil in eigenen Dateien verfügbar sind — sowie eine Reihe sogenannter Systemdateien.

Umgang mit MS-DOS

Den Computer mit MS-DOS starten

Wenn Sie Ihren Rechner einschalten, läuft zunächst automatisch ein Selbstdiagnoseprogramm ab, das u.a. den Zentralprozessor, den Arbeitsspeicher und die Tastatur auf fehlerlose Funktionsfähigkeit hin überprüft. Anschließend wird das Betriebssystem geladen.

Dies wird — wie bereits erwähnt — vom ROM-BIOS erledigt.

Liegt eine Diskette im verriegelten Diskettenlaufwerk a:, so versucht der Rechner, den residenten Teil des Betriebssystems von dieser Diskette in den Arbeitsspeicher zu laden. Findet er dort kein Betriebssystem, erfolgt eine Fehlermeldung.

Liegt keine Diskette im Laufwerk, so wird versucht, das Betriebssystem von der Festplatte zu laden. Dies ist in der Regel der Fall, weil das Betriebssystem auf der Festplatte installiert wurde.

Danach meldet der Computer seine Arbeitsbereitschaft durch Ausgabe eines Bereitschaftszeichens, den „Prompt". Dieser Prompt ist für uns sehr wichtig — zum einen wird signalisiert, daß der Computer Anweisungen von uns entgegennehmen kann, zum anderen wird über ihn auch angegeben, mit welchem Speichermedium wir momentan arbeiten. Informationen darüber erhalten wir durch einen schlichten Buchstaben.

Der Prompt für die Arbeit mit der Festplatte lautet **c:**. Man sagt: Die Laufwerkskennung der Festplatte lautet **c:** .

Der Prompt für die Arbeit mit einer Diskette lautet **a:** (Laufwerkskennung der Diskette: **a:**).

Wollen Sie zwischen den externen Speichern umschalten, genügt die Eingabe des Kennbuchstabens + Doppelpunkt, gefolgt vom Betätigen der Eingabe-Taste (<ENTER>):

✎ ***a:*** <ENTER> (Aktivieren der Diskette)

✎ ***c:*** <ENTER> (Aktivieren der Festplatte)

Sollte der Computer einmal „abstürzen", d.h. keine Befehle mehr entgegennehmen können (das kommt durchaus öfter vor), ist ein sog. WARMSTART durchzuführen. Bei einem Warmstart werden lediglich die residenten Teile des Betriebssystems nachgeladen. Drücken Sie hierzu gleichzeitig die Tasten:

<ALT> — <STRG> — <ENTF>

☛ ***HINWEIS:*** *Da das gleichzeitige Drücken nicht so einfach ist, können Sie die ersten beiden Tasten gedrückt halten, bevor Sie die dritte betätigen.*

Daneben verfügen die meisten Computer über eine RESET-Taste, die auf der Gerätefront sichtbar ist. Auch mit einem RESET können Sie einen Warmstart durchführen.

Dateinamen und „Jokerzeichen"

Unter einer Datei versteht MS-DOS eine logisch zusammenhängende Folge von Bytes. Ein Brief, den Sie getippt, ein Kalkulationsblatt, das Sie erstellt, eine Grafik, die Sie gestaltet haben, werden von MS-DOS als Dateien behandelt.

Auf externen Speichern werden alle Daten in Form von Dateien abgelegt und verwaltet.

Dateien werden folgendermaßen dargestellt:

<Dateiname>.<Erweiterung>

Der Dateiname gilt einer eindeutigen Identifizierung der Datei. Zwei Dateien mit demselben Namen dürfen in einem Speicherbereich nicht angelegt werden. Dateinamen dürfen nicht mehr als 8 Zeichen lang sein, dürfen kein Leerzeichen enthalten und sollten keine Sonderzeichen aufweisen.

Die Erweiterung dient der Zuordnung der Datei zu einem Dateityp und darf aus maximal drei Zeichen bestehen. Durch Dateitypen werden Textdateien (Erweiterung: TXT oder DOC), Programmdateien im Quellcode (CBL, PAS, BAS, ASM oder C), ausführba-

re Programmdateien im Maschinencode (COM oder EXE), Stapeldateien (BAT), Datenbankdateien (DBF, RBF...) usw. unterschieden. Die Anwenderprogramme vergeben automatisch eigene Erweiterungen.

Zwischen Dateiname und Erweiterung ist ein Punkt ohne Leerzeichen vorn oder hinten einzugeben.

BEISPIELE für gültige Dateinamen:

COMMAND.COM · LAGER.DBF · AUTOEXEC.BAT . DATEN.3 · GWBASIC.EXE

BEISPIELE für ungültige Dateinamen:

BRIEF 123.TXT (enthält ein Leerzeichen)

KALKULATION86.XLS (Dateiname zu lang)

"ENDE".DBF (enthält unzulässige Sonderzeichen ")

B*C.XYZ (enthält unzulässiges Sonderzeichen *)

Jokerzeichen ersetzen unter MS-DOS beliebige Zeichen, wenn Sie Dateinamen ansprechen. Sie dürfen selbst nicht in Dateinamen verwendet werden, man benutzt sie allerdings häufig für das Anzeigen, Kopieren oder Löschen von mehreren Dateien in einem Arbeitsgang.

MS-DOS unterscheidet den * (Stern) und das ? (Fragezeichen). Der ***** ersetzt maximal **8** beliebige Zeichen, das **?** ersetzt **ein** beliebiges Zeichen.

BEISPIELE für den Einsatz von Jokern:

copy a:*.txt c: — kopiert alle Dateien mit der Erweiterung .txt von der Diskette auf die Festplatte.

copy c:brief??.* a: — kopiert alle Dateien mit beliebiger Erweiterung, deren Dateiname mit brief beginnt und noch zwei zusätzliche Zeichen aufweist, von Festplatte auf Diskette.

Die Befehls-Eingabe

Die Befehlseingabe erfolgt unter MS-DOS standardmäßig durch die Eingabe eines Kommandos oder des Namens einer Datei, die ein ausführbares Programm enthält, gefolgt vom Drücken der Eingabetaste. Dateien, die ein ausführbares Programm enthalten, erkennen Sie an der Erweiterung .COM, .EXE oder .BAT. COM- und EXE-Dateien enthalten Maschinenbefehle, die durch die Übersetzung eines Programms entstanden sind und von Ihnen ohne Kenntnisse in einer Programmiersprache nicht erzeugt werden können. BATCH-Dateien, erkennbar an der Endung .BAT, enthalten Befehle des Betriebssystems MS-DOS, die der Reihe nach von oben nach unten abgearbeitet werden. Diesen Dateityp können Sie mit einiger MS-DOS-Kenntnis selbst erzeugen, was wir uns später vornehmen werden.

Wenn Sie das Programm WORD aktivieren, indem Sie

word <ENTER>

eingeben, so nennen Sie bei diesem Vorgang tatsächlich den Namen der Datei word.exe, in der sich das Programm befindet, das Sie bei der Arbeit mit dieser Textverarbeitung dann nutzen können.

Das Betriebssystem selbst kann durch Eingabe von „internen“ und „externen“ Befehlen angesprochen werden.

Intern werden Befehle genannt, die nicht in Dateiform vorliegen, sondern als Bestandteil in der Datei COMMAND.COM enthalten sind. Einen internen Befehl wie DEL werden Sie deshalb vergeblich auf Ihrer Festplatte oder auf den Betriebssystemdisketten suchen. Interne Befehle stehen jederzeit zur Verfügung, weil sie zum residenten Teil des Betriebssystems gehören.

Extern werden Befehle genannt, die Sie in Dateien vorfinden.

Dazu gehört die Datei DISKCOPY.EXE, die das Kopieren von Disketten ermöglicht, oder die Datei FORMAT.COM, die das Formatieren von Disketten erlaubt. Externe Befehle bilden den transienten Teil des Betriebssystems. Sie stehen nicht ständig zur Verfügung, sondern müssen aus dem entsprechenden Verzeichnis der Festplatte in den Arbeitsspeicher kopiert werden (dazu später mehr).

Befehle können Sie klein oder groß eingeben, das Betriebssystem unterscheidet hier nicht. Nach jedem Befehl sollten Sie allerdings ein Leerzeichen eingeben (funktioniert immer), wenn zur Ausführung des Befehls weitere Angaben gemacht werden müssen.

✎ c:\>**type autoexec.bat** (zeigt den Inhalt der angesprochenen Datei)

Sämtliche Befehle finden Sie in Ihrem MS-DOS-Handbuch, das Sie beim Kauf eines Computers erhalten, aufgelistet und erklärt.

Wichtige interne Befehle

☛ ***HINWEIS:*** *Beachten Sie bitte: Bei der Vorstellung der einzelnen Befehle werden **notwendige** Angaben ohne Klammern oder in spitze Klammern <> gesetzt. Angaben, auf die je nach Vorhaben verzichtet werden kann, sind in runde Klammern () eingeschlossen.)*

System-informationen: ver / date / time

Die Versions Ihres MS-DOS-Systems können Sie mit dem Befehl

☞ c:\>**ver**

abrufen. Für diesen Befehl gibt es keine Schalter oder Optionen (das sind Zusätze, die bei Ausführung eines Befehls mit eingegeben werden können oder müssen).

Das Tagesdatum lassen Sie sich durch den Befehl

☞ c:\>**date**

anzeigen. Gleichzeitig wird Ihnen die Möglichkeit geboten, das Datum ggf. zu aktualisieren. Beachten Sie bitte die Vorgaben.„ tt-mm-jj“ bedeutet, daß der Tag zweistellig eingegeben werden muß, dann ein Bindestrich folgt. Monat und Jahr müssen ebenfalls zweistellig eingegeben werden. Beispiel: 13-02-89.
Mit dem Befehl

☞ c:\>**time**

können Sie die aktuelle Tageszeit verändern. Durch die <ENTER>-Taste bestätigen Sie bei beiden Befehlen jeweils die Vorgaben.

Anzeigen von Dateien: dir

Der Befehl

☞ **dir** (Laufwerkskennung)(Dateiname)

ermöglicht das Anzeigen vorhandener Dateien.

In der Abbildung können Sie verfolgen, welche Angaben genau über den dir-Befehl gemacht werden — links sehen Sie zunächst den Dateinamen, in der Spalte daneben die Erweiterung. Der Eintrag <DIR> weist darauf hin, daß es sich hierbei um ein Verzeichnis handelt (s.u.). Die erste Zahl gibt die Größe der Datei in Bytes an. Es folgen schließlich Informationen über Datum und Zeit der letzten Änderung der Datei.

Durch Argumente (z.B. Dateinamen) und Schalter (z.B. /W) können Sie den Befehl näher spezifizieren. Dies sei hier beispielhaft für viele MS-DOS-Befehle aufgezeigt.

```
COMMAND  COM     38594 06.12.88   12.00
DOS          <DIR>     03.04.89   18.12
ANSI     SYS      1651 28.05.86   12.00
CONFIG   BAK       102 01.03.89   19.57
DRIVER   SYS      1026 28.05.86   12.00
VDISK    SYS      3379 28.05.86   12.00
SMARTDRV SYS     10329 01.03.89   19.57
HIMEM    SYS      6340 15.09.88   12.00
WINDOWS      <DIR>     03.04.89   18.14
AUTOEXEC BAK        61 03.04.89   18.20
RBFILES      <DIR>     03.04.89   18.22
WORD         <DIR>     03.04.89   18.24
COBOL        <DIR>     11.04.89    9.56
MOUSE    COM      7099 01.04.86   12.00
AUTOEXEC OS2       109 03.04.89   21.28
VENTURA      <DIR>     10.05.89   16.38
CONFIG   OS2       103 06.04.89   11.06
TYPESET      <DIR>     10.05.89   16.38
VPPROF   BAT       105 10.05.89   17.07
CONFIG   SYS       273 10.05.89   17.08
AUTOEXEC BAT       271 16.05.89   20.36
TURBO4       <DIR>     17.04.89   17.56
BEISPIEL     <DIR>     10.05.89   17.12
Wenn bereit, eine beliebige Taste drücken
```

Abb. 12: Directory-Einträge

So können Dateinamen als Argumente eingesetzt werden, um z.B. zu überprüfen, ob eine bestimmte Datei vorhanden ist, wieviel Bytes sie belegt oder wann Sie zuletzt bearbeitet wurde:

☞ c:\>**dir config.sys**

Dieser Befehl macht alle entsprechenden Angaben zur Datei config.sys.

Der Befehl

☞ c:\>**dir *.bat**

gibt Auskünfte über alle Dateien mit der Erweiterung BAT.

Über sogenannte Schalter oder Parameter kann ebenfalls die Funktionsweise von Befehlen modifiziert werden.

Der Befehl

☞ c:\>**dir /p**

ermöglicht eine seitenweise Ausgabe aller Dateien, d.h. es wird eine Seite auf einmal angezeigt, die nächste Seite erst nach Tastendruck durch den Benutzer.

Mit dem Schalter **/w** im Befehl

☞ c:\>**dir /w**

werden die Dateien spaltenweise angezeigt. Hierbei sind nur Name und Erweiterung einer Datei zu sehen.

Nach jeder Ausgabe über einen DIR-Befehl wird der noch verfügbare Speicherplatz der Festplatte oder Diskette angegeben.

Kopieren von Dateien: copy

Obwohl das Kopieren von Dateien zu den Grundfunktionen der Arbeit mit dem Computer gehört, ist der problemlose Umgang mit dem copy-Befehl unter MS-DOS schon zur hohen Kunst zu zählen. Er wird deshalb hier in zwei Schritten behandelt.

Der Befehl ist folgendermaßen zu handhaben:

☞ **copy** (Quell-Laufwerk)<Quelldatei> (Ziel-Laufwerk)(Zieldatei)

☛ ***ACHTUNG:*** *Beachten Sie unbedingt, daß bei MS-DOS generell kein Leerzeichen zwischen Laufwerksangabe und einem darauf bezogenen Dateinamen gesetzt werden darf!*

Der Befehl

☞ c:\>**copy c:autoexec.bat a:start.bat**

kopiert von der Festplatte (c:) die Datei autoexec.bat auf eine Diskette (a:), wobei die Datei auf der Diskette den Namen *start.bat* tragen wird. Wenn der Kopiervorgang erfolgreich abgeschlossen wurde, erhalten Sie die Meldung „1 Datei kopiert“.

Der Befehl

☞ c:\>**copy c:*.sys a:**

kopiert ebenfalls von der Festplatte (c:) alle Dateien mit der Erweiterung .sys auf eine Diskette (a:), wobei die ursprünglichen Namen der Dateien erhalten bleiben.

Der Befehl

☞ c:\>**copy a:start.bat c:**

kopiert von der Beispieldiskette die Datei **start.bat** unter Beibehaltung ihres Namens auf die Festplatte.

Vergleichen zweier Dateien: comp

Nach einem Kopiervorgang kann es zuweilen erforderlich sein, zu überprüfen, ob die Inhalte beider Dateien tatsächlich identisch sind. Hierzu steht der Befehl comp zur Verfügung.

Allgemeines Format:

☞ **comp** (Laufwerk)<Datei1> (Laufwerk) <Datei2>

✎ c:\>**comp c:autoexec.bat a:start.bat**

Die Datei *autoexec.bat* auf der Festplatte wird nun verglichen mit der Datei start.bat auf der Diskette. Sind die Inhalte beider Dateien gleich, so wird vom Betriebssystem „Vergleich OK“ gemeldet, bei Unterschieden werden die Vergleichsfehler angezeigt.

Nach einem erfolgten Vergleich werden Sie gefragt, ob Sie weitere Dateien vergleichen wollen. Eine solche Abfrage werden Sie auch bei anderen Befehlen wiederfinden. Falls keine weiteren Vergleiche vorgenommen werden sollen, geben Sie bitte den Buchstaben **n** ein und drücken die <ENTER>-Taste.

☛ ***HINWEIS:*** **comp** *ist seit MS-DOS-Version 3.3 ein externer Befehl!*

Löschen von Dateien

Das Löschen von Dateien gehört zu den wichtigsten Aufgaben von MS-DOS —allerdings ist bei diesem Befehl äußerste Sorgfalt geboten. Prüfen Sie bitte in jedem Fall genau, ob der Löschbefehl richtig eingegeben wurde. Versehentlich gelöschte Dateien lassen sich nur unter günstigen Umständen mit Zusatz-Software (sog. Utilities) wiederherstellen.

Für das Löschen von Dateien stehen zwei identisch zu handhabende Befehle zur Verfügung: **del** und **erase**.

Die allgemeine Form des Befehls lautet:

☞ **del** (Laufwerk)<Dateiname> bzw. **erase** (Laufwerk)<Dateiname>

Der Befehl

✎ c:\>**del a:start.bat**

löscht die Datei **start.bat** von Ihrer Diskette.

Der Befehl

✎ c:\>**del a:*.sys**

löscht alle Dateien (*), die sich auf der eingelegten Diskette (a:) befinden und die Kennung .sys besitzen.

Wenn der Befehl ordnungsgemäß ausgeführt wurde, erhalten Sie überhaupt keine Bildschirmmeldung!

☛ ***HINWEIS:*** *(Bitte nicht eingeben!!) Vorsicht bei dem Befehl*

*c:\>***del *.***

Dieser Befehl löscht wirklich alle Dateien auf Ihrer Festplatte! Zum Glück ist eine Sicherheitsabfrage eingebaut worden, mit der Sie dann Ihre Eingabe bei Versehen noch einmal korrigieren können. Antworten Sie auf die Frage „Sind Sie sicher (J/N)?“ durch Drücken der Taste <N>, um ein Löschen aller Daten zu verhindern.

Umbenennen von Dateien: rename

Gelegentlich mag es vorkommen, daß Dateien aus organisatorischen oder anderen Gründen umbenannt werden müssen. MS-DOS bietet durch den rename-Befehl die Möglichkeit hierzu.

☞ **rename** (Laufwerk)<Alter Dateiname> <Neuer Dateiname>

✎ c:\>**rename c:start.bat test.txt**

Mit diesem Befehl wird die Datei *start.bat* auf Ihrer Festplatte in *test.txt* umbenannt. Auch die Erweiterung können Sie also sofort mit ändern.

☛ ***HINWEIS:*** *Sie können für diesen Befehl nur beim alten Dateinamen eine Laufwerksangabe vornehmen.*

Dateiinhalte anzeigen: type

Mit dem MS-DOS-Befehl *type* können Sie sich den Inhalt von Dateien anzeigen lassen — mit Gewinn allerdings nur dann, wenn die Dateien im Format des ASCII-Codes abgespeichert wurden. Befehls- oder Programmdateien des Betriebssystems liefern auf dem Bildschirm lediglich ein Sammelsurium unverständlicher Symbole und Zeichen, von gelegentlichem Piepen unterbrochen. (Das liegt daran, daß derartige Dateien bereits im Maschinencode vorliegen und auf dem Bildschirm nicht mehr korrekt darstellbar sind.)

Die allgemeine Form des Befehls lautet:

type (Laufwerk)<Dateiname>

Der Befehl

☞ c:\>**type autoexec.bat**

wird Ihnen also den Inhalt der Datei autoexec.bat auf dem Bildschirm ausgeben.

Lassen Sie sich ruhig auch einmal überraschen und geben Sie den Befehl

☞ c:\>**type command.com**

ein — Sie können nichts zerstören.

Übungen

Folgende Übungen sind zur Vertiefung und Vorbereitung gedacht. Arbeiten Sie bitte hier noch nicht am PC und schlagen Sie immer dann nach, wenn Sie eine der Fragen nicht direkt aus dem Kopf beantworten können.

1.

Welche der folgenden Dateinamen sind ungültig und warum?

✍ wiederholung.txt

✍ nanu?.doc

✍ beispiel

✍ 1.Brief.txt

✍ (ueb1).bsp

✍ brief1234.txt

✍ 1.bat

✍ probe 9.bas

✍ 3***.htl

✍ kl050589

✍ gut.prog

2.

Wie lassen Sie sich alle Dateien von einer Diskette in Laufwerk a: anzeigen, die mit **B** beginnen?

✍

3.

Was kann durch den **TYPE**-Befehl angezeigt werden?

✍

4.

Wie können Sie alle Dateien von einer Diskette in Laufwerk a: auf die Festplatte kopieren, deren Erweiterung **.txt** lautet?

✍

5.

Was ist an folgendem Befehl falsch:
copy a: namealt.sik c:

✍ ___

6.

Wie löschen Sie alle Dateien auf einer Diskette in Laufwerk a:, die den Dateinamen **progl** tragen?

✍ ___

7.

Versehentlich haben Sie das Kommando **del *.*** eingegeben. Wie können Sie nun noch verhindern, daß sämtliche Dateien gelöscht werden?

✍ ___

8.

Sie wollen die Datei **text3.sik** auf Ihrer Diskette für die Arbeit mit WORD in **text3.txt** umbenennen. Wie lautet der Befehl?

✍ ___

Praxisteil

Sie sollen nun Übungen am PC durchführen. Notieren Sie Ihre Befehle mit.

☛ ***Hinweis***

Bitte legen Sie zunächst eine Leerdiskette in das Laufwerk a: Ihres Computers.

Sollte diese noch nicht initialisiert, d.h. formatiert sein, so nehmen Sie dies bitte vor. Lesen Sie ggf. zunächst die Bemerkungen auf Seite 202 und gehen dann wie folgt vor:

Bei 360 KB Disketten in 360 KB Laufwerken, bei 1,2 MB Disketten in 1,2 MB Laufwerken, bei 720 KB Disketten in 720 KB Laufwerken und bei 1,44 MB in 1,44 MB Lauferken geben Sie bitte ein: ***format a:***

Bei 360 KB Disketten in 1,2 KB Laufwerken geben Sie bitte ein: ***format a: /4***

Achten Sie bei der auftauchenden Meldung darauf, daß auch wirklich das Laufwerk a: betroffen ist. Andernfalls brechen Sie den Befehl vor der Ausführung mit <STRG>+C ab und geben ihn erneut, in der richtigen Form ein.

1.

Überprüfen Sie, ob das Systemdatum des PC mit dem tatsächlichen Tagesdatum übereinstimmt. Wenn nicht, ändern Sie das Systemdatum entsprechend.

✍ ______________________________

2.

Lassen Sie sich Dateigröße und Datum der letzten Änderung der Datei **autoexec.bat** anzeigen.

✍ ______________________________

3.

Lassen Sie sich entsprechende Informationen über alle Dateien anzeigen, deren Name ***.sys** lautet.

✍ ____

4.

Lassen Sie sich alle Dateien Ihrer Festplatte spaltenweise auf dem Bildschirm anzeigen.

✍ ____

5.

Lassen Sie den Inhalt der Datei **autoexec.bat** auf dem Bildschirm ausgeben.

✍ ____

6.

Kopieren Sie die Datei **config.sys** von der Festplatte auf Ihre Diskette.

✍ ____

7.

Kopieren Sie alle Dateien mit der Erweiterung **.com** von der Festplatte auf Ihre Diskette.

✍ ____

8.

Kopieren Sie alle Dateien mit dem Namen **auto*.** von der Festplatte auf Ihre Diskette.

✍ ______________________________

9.

Kopieren Sie die Datei **autoexec.bat** in folgende Dateien auf Ihrer Diskette: **test.txt, text.txt, tell.txt, tellur.txt, text.bak** und **bak.txt**.

✍ ______________________________

10.

Überprüfen Sie, ob die Datei **command.com** auf Ihrer Diskette mit der Datei gleichen Namens auf der Festplatte inhaltsgleich ist.

✍ ______________________________

11

Lassen Sie sich von der Diskette alle Dateien anzeigen, deren Namen mit **tex** beginnen.

✍ ______________________________

12.

Löschen Sie ***von Ihrer Diskette*** alle Dateien, deren Namen mit **tes** beginnen — durch *einen* Befehl.

✍ ______________________________

Arbeit mit Verzeichnissen

Was ist ein Verzeichnis?

Ein Verzeichnis (unter MS-DOS auch „directory" genannt) ist für Ihre Arbeit mit MS-DOS immer dann von entscheidender Bedeutung, wenn Sie mit einer Festplatte arbeiten und diese in verschiedene Bereiche aufteilen möchten — z.B. einen Bereich, in dem nur Programme und Daten der Textverarbeitung abgelegt sind und einen anderen Bereich, der die externen Dateien von MS-DOS beherbergt.

Wird die Festplatte nicht unterteilt, werden Sie sehr schnell den Überblick über vorhandene Dateien verlieren und auch die Grundbefehle zur Dateiverwaltung können nicht mehr effektiv mit Jokerzeichen eingesetzt werden. Vor allem aber ist eine durch MS-DOS gesetzte Grenze zu beachten. In einem Verzeichnis können nicht mehr als 512 Dateien verwaltet werden. Wenn Sie mit einer Vielzahl von Anwendungsprogammen arbeiten, ist diese Zahl rasch überschritten. Haben Sie hingegen Ihre Festplatte mit fünf Verzeichnissen versehen, können Sie bereits 5 x 512 Dateien verwalten.

```
C:.
├───DOS
├───WINDOWS
│   └───PIF
├───RBFILES
│   └───RDATA
├───WORD
│   ├───DATEN
│   └───BUCH
├───COBOL
│   ├───PROGS
│   ├───BEISPIEL
│   └───TEXTE
├───VENTURA
├───TYPESET
├───TURBO4
│   └───DATEN
├───BEISPIEL
├───DBASE4
│   ├───SQLHOME
│   └───BEISPIEL
```

Abb 13: Verzeichnis-Einträge

Die Verzeichnisstruktur einer Festplatte kann man sich wie einen Baum vorstellen, der aus unserer Sicht auf dem Kopf steht, dessen Wurzel also „oben" ist.

Das erste oder Hauptverzeichnis heißt unter MS-DOS entsprechend „root" (=Wurzel). In der Abbildung ist dieses Verzeichnis oben als **C:** zu sehen, das den Stamm für weitere Unterverzeichnisse bildet. In diesem Verzeichnis müssen die residenten Teile des Betriebssystems abgelegt sein.

Darunter verzweigen sich die Unterverzeichnisse, die tatsächlich hierarchisch vom Hauptverzeichnis abhängig sind. Einzelne derartige „Äste" sind die Verzeichnisse DOS, WINDOWS oder WORD, die die jeweiligen Anwendungsprogramme enthalten.

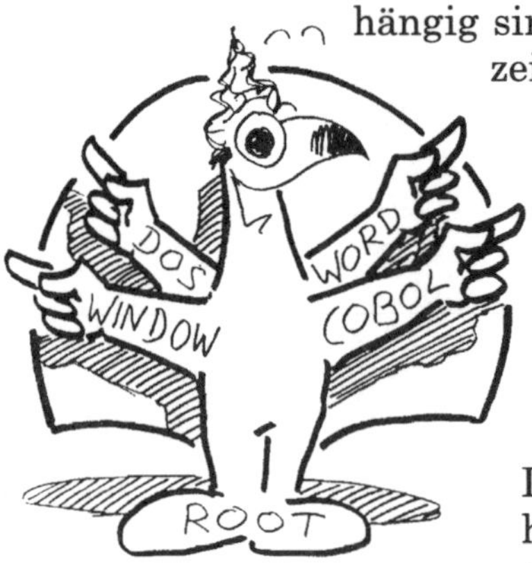

Weitere Unterverzeichnisse hängen wiederum von diesen Verzeichnissen ab. So sind PROGS, BEISPIEL und TEXTE von COBOL abhängige Verzeichnisse.

In jedem dieser Verzeichnisse sind eine Reihe von Dateien (maximal 512 pro Verzeichnis!) untergebracht. Diese Dateien sind logisch und organisatorisch von Dateien in anderen Unterverzeichnissen getrennt. Deswegen können Dateien unter gleichem Namen in mehreren Unterverzeichnissen vorkommen, ohne daß MS-DOS hiermit Schwierigkeiten der Zuordnung bekäme.

☛ ***HINWEIS:*** *Eine solche Struktur ist nicht vom PC-Hersteller vorgegeben, sondern kann vom Benutzer nach eigenen Vorstellungen erzeugt werden.*

Arbeit mit Verzeichnissen: md / cd / rd

Für das Arbeiten mit Verzeichnissen sind unter MS-DOS folgende drei Befehle wesentlich:

md (= make directory) für das Anlegen von Verzeichnissen

cd (= change directory) für das Wechseln zwischen Verzeichnissen

rd (= remove directory) für das Löschen von Verzeichnissen

Vom Root-Verzeichnis legen Sie also ein neues (Unter-) Verzeichnis an durch den Befehl:

☞ c:\>**md testverz** (max. 8 Zeichen!)

In dieses Verzeichnis wechseln Sie durch den Befehl

☞ c:\>**cd testverz**

Von jedem beliebigen Verzeichnis können Sie in ein anderes beliebiges Verzeichnis mit einem Befehl wechseln, wenn Sie den Umweg über das root-Directory wählen:

☞ c:\testverz>**cd \dos**

Sie verändern Ihren Standort vom Unterverzeichnis **TESTVERZ** direkt ins Unterverzeichnis **DOS**.

Eine Hierarchieebene nach oben (Richtung „Wurzel") gelangen Sie durch den Befehl

☞ c:\dos>**cd ..**

Hinter „**..**" verbirgt sich der Name des übergeordneten Verzeichnisses, hinter „**.**" übrigens der Name des aktiven Verzeichnisses.

Die Rückkehr zum Hauptverzeichnis root geschieht von gleich welcher Position immer durch denselben Befehl. Wenn Sie über **cd testverz** noch einmal ins Unterverzeichnis **TESTVERZ** gewechselt sind, geben Sie ein

☞ c:\testverz>**cd** \

und Sie gelangen ins Hauptverzeichnis zurück. Der rückwärtsgewandte Schrägstrich \ — der „Backslash" — steht hier für den Namen des root-Directory selbst. Sie erzeugen diesen Backslash, soweit er nicht auf Ihrer Tastatur vorhanden ist (<ALTGR>+ß>)

durch die Tastenkombination <ALT>+9+2 (9 und 2 im Zahlenblock).

☛ ***HINWEIS:*** *Sie können den voreingestellten Prompt nun viel besser verstehen — c:\> bedeutet tatsächlich, daß Ihr derzeit aktiver Standort das root-Directory Ihrer Festplatte ist. c:\word> sagt Ihnen, daß das vom root-Directory abhängige Verzeichnis* **word** *nun Ihre Arbeitsplattform ist.*

Das Verzeichnis löschen können Sie durch den Befehl

☞ c:\>**rd testverz**

Beachten Sie hierbei, daß das zu löschende Verzeichnis keine Dateien oder weitere Unterverzeichnisse mehr enthalten darf und daß es nicht das gegenwärtig aktive Verzeichnis ist.

Anzeigen von Verzeichnissen: tree

Für das Anzeigen vorhandener Verzeichnisse stellt MS-DOS den Befehl

tree

zur Verfügung. Nach der Eingabe dieses Befehls meldet MS-DOS auf dem Bildschirm alle Verzeichnisse und ggf. Unterverzeichnisse, ab Version 4.0 sogar in einer graphischen Darstellung.

Die Eingabe von

☞ c:\>**tree /f**

listet zu den Verzeichnissen alle vorhandenen Dateien auf.

Verzeichnisse mit anderen Befehlen

Bedeutung innerhalb der täglichen Arbeit haben Verzeichnisse auch, weil Sie für andere MS-DOS-Befehle als notwendige Bestandteile mitbedacht werden müssen. Soll eine Datei aus dem Verzeichnis dos auf dem Bildschirm angezeigt werden, sind zwei Alternativen möglich:

❶ Wechsel in das Quellverzeichnis

☞ c:\>**cd dos**

und Anzeigen der Datei

☞ c:\dos>**dir graphics.com**

❷ Das Root-Verzeichnis bleibt das aktive Verzeichnis und die Dateianzeige erfolgt unter Angabe des Suchweges

☞ **c:\>dir c:\dos\graphics.com**

Hierbei dient der Backslash als Trennzeichen zwischen Verzeichnissen und dem abschließenden Dateinamen. Eine solche Komplett-Angabe des Weges zu einer gesuchten Datei nennt man unter MS-DOS einen **PFAD** — die Angabe selbst entsprechend eine **PFAD-Angabe**. Dies soll nun beispielhaft am **copy**-Befehl vorgestellt werden.

Pfad-Angaben und COPY

Verzeichnisse und Pfade werden Sie besonders im Zusammenhang mit dem **copy**-Befehl beachten müssen, bei dem wir sie bisher unberücksichtigt gelassen haben. Ab sofort sollen Sie nun genau angeben, wo eine Datei zu finden ist und wohin sie zu kopieren ist.

Der Befehl

☞ c:\>**copy c:\dos\graphics.com a:**

sorgt für eine Kopie der Datei **graphics.com** aus dem Unterverzeichnis **dos** Ihrer Festplatte. Die Kopie wird im ROOT-Directory Ihrer Diskette abgelegt.

Über den Befehl

☞ c:\>**copy a:*.txt c:\word**

werden alle Dateien mit der Erweiterung **.txt** von Ihrer Diskette ins Unterverzeichnis **word** auf der Festplatte kopiert.

Übungen

Auch hier zunächst wieder einige allgemeine Fragen:

1.

Stellen Sie skizzenhaft graphisch dar, welche Auswirkung der folgende Befehl auf die Verzeichnisstruktur einer Festplatte hat:

c:\word>**md daten**

2.

Mit welcher Befehlseingabe können Sie Ihren Arbeitsstandort von **c:\excel\daten** zu **c:\word** ändern?

✍ ______________________________

3.

Wie können Sie ausgehend vom root-Directory ohne Verzeichniswechsel feststellen, ob ein Unterverzeichnis mit Namen **c:\cobol\progs** noch Dateien enthält?

✍ ______________________________

4.

Welche Schritte müssen Sie beachten, wenn Sie ein Unterverzeichnis löschen wollen?

✍ ______________________________

Praxisteil

☛ ***Hinweis***

Nun zum Praxisteil — Legen Sie bitte wieder Ihre Übungsdiskette in Laufwerk **a:** *ein und bestimmen Sie dieses Laufwerk als dauerhafte Arbeitsgrundlage.*

1.

Erstellen Sie auf Ihrer Diskette ein Verzeichnis mit Namen **uverz**.

✍ ______________________________

2.

Wechseln Sie in dieses Verzeichnis.

✍ ______________________________

3.

Legen Sie nun ein Verzeichnis mit Namen **uverz11** an.

✍ ______________________________

4.

Wechseln Sie in dieses Verzeichnis.

✍ ______________________________

5.

Kopieren Sie vom Hauptverzeichnis Ihrer Festplatte alle Dateien mit Namen **auto** in Ihr gegenwärtig aktives Verzeichnis.

✍ ______________________________

6.

Kopieren Sie die Datei **mode.com** aus Ihrem DOS-Verzeichnis auf Ihrer Festplatte (könnte z.b. C:\DOS heißen) in Ihr gegenwärtig aktives Verzeichnis.

✍ ______________________________

7.

Kopieren Sie die Dateien mit der Erweiterung **.sys** aus dem Hauptverzeichnis der Diskette ins Verzeichnis **uverz**.

✍ ______________________________

8.

Wechseln Sie ins root-Directory der Diskette.

✍ ______________________________

9.

Lassen Sie sich die komplette Verzeichnisstruktur der Diskette anzeigen.

✍ ______________________________

Legen Sie, in der root Ihrer Diskette stehend, ein Verzeichnis **unsinn** unterhalb von **\uverz\uverz11** an. **10.**

✍ ______________________________

Löschen Sie das Unterverzeichnis **uverz11** auf Ihrer Diskette. Notieren Sie alle hierzu erforderlichen Schritte. **11.**

✍ ______________________________

✍ ______________________________

✍ ______________________________

Löschen Sie das Unterverzeichnis **uverz** auf Ihrer Diskette. Notieren Sie alle erforderlichen Schritte. **12.**

✍ ______________________________

✍ ______________________________

Arbeit mit Disketten

Vorbereiten einer Diskette: format

Wenn Sie eine Diskette kaufen, so können Sie mit dieser nicht unmittelbar arbeiten. Bevor Sie Daten auf einer Diskette speichern können, muß diese vom Betriebssystem vorbereitet werden. Dies geschieht durch den Befehl

☞ **format <Laufwerk>**

Auch wenn Sie bereits mit der Diskette gearbeitet haben, können Sie diesen Befehl einsetzen. Allerdings sind dann **alle Ihre Daten unwiederbringlich verloren!** Wenn Sie im folgenden einige Befehle ausprobieren möchten, sollten Sie über **eine leere Diskette** verfügen.

Für das Formatieren einer Diskette gibt es zwei Wege:

☞ c:\>**format a:**

Damit wird die Diskette im Laufwerk a: einfach formatiert.

Der Befehl

☞ c:\>**format a:/s**

überträgt darüber hinaus die residenten Teile des Betriebssystems (Command.COM und die beiden versteckten Systemdateien) mit auf die Diskette. Mit dieser Diskette können Sie dann den Computer starten. Nachteil: Der zur Verfügung stehende Speicherplatz auf der Diskette wird eingeschränkt.

Komplette Disketten kopieren: diskcopy

Oft ist es erforderlich, einen kompletten Disketteninhalt auf eine andere Diskette zu kopieren (Datensicherheit). Hierfür steht der Befehl

☞ **diskcopy <Quellaufwerk> < Ziellaufwerk>**

zur Verfügung.

Wenn Sie nur **ein** Diskettenlaufwerk zur Verfügung haben, lautet der korrekte Befehl

☞ c:\\>**diskcopy a: a:**

Sie werden nach Eingabe des Befehls zunächst aufgefordert, die Quelldiskette einzulegen (auf der sich die zu kopierenden Dateien befinden), anschließend sollen Sie die Zieldiskette einlegen (auf die die Dateien neu kopiert werden sollen).

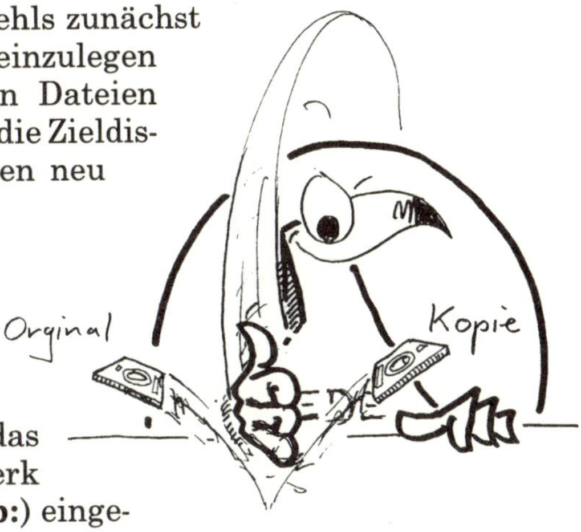

Verfügen Sie über zwei Diskettenlaufwerke, so kann die Ursprungsdiskette sofort in Laufwerk a:, die Zieldiskette unmittelbar in Laufwerk b: (das zweite, untere Diskettenlaufwerk trägt standardmäßig den Namen **b:**) eingelegt werden. Der Befehl lautet dann

☞ c:\\>**diskcopy a: b:**

Überprüfen der Diskette: chkdsk

Es kann gelegentlich einmal vorkommen, daß das Betriebssystem einen Schreib- oder Lesefehler beim Zugriff auf die Diskette meldet. Mit dem Befehl

chkdsk *(Laufwerk)*

(übersetzt: check disk) können Sie eine Diskette auf mögliche Fehler hin überprüfen.

Beispiel:

☞ c:\>**chkdsk a:**

Damit wird die Diskette in Laufwerk a: „gecheckt“.

Ohne detaillierte Kenntnisse von MS-DOS-Hilfsprogrammen, sog. **Utilities**, nützt Ihnen das Wissen um mögliche Fehler leider wenig. Sie sollten allerdings auf eine weitere Benutzung einer fehlerhaften Diskette verzichten.

☛ ***HINWEIS:*** *Den Befehl* **chkdsk** *können Sie auch für das Überprüfen der Festplatte einsetzen. Sollte bei der Überprüfung die Meldung „XXX Bytes in fehlerhaften Sektoren“ erscheinen, ist Ihre Festplatte nicht funktionsunfähig. Evtl. gemeldete unbrauchbare Bereiche werden vom Betriebssystem ignoriert und stören deshalb Ihre Arbeit nicht.*

Datensicherung

Ändern von Dateiattributen: attrib

Dateiattribute helfen in der Dateiverwaltung, indem etwa Dateien vor unbeabsichtigtem Ändern oder Löschen geschützt werden können.

Die Datei bekommt das „Attribut“ nur-lesbar (read-only). Es kann dann z.B. in WORD angesehen, aber nicht verändert und erneut abgespeichert werden. Vor allem aber ist ein Löschen der Datei so nicht mehr möglich.

Daneben gibt es noch die Möglichkeit, ein sog. Dateiänderungsattribut, „archive“, zu setzen. Dies kann bei speziellen Datensicherungsbefehlen (REPLACE oder XCOPY) zur Steuerung des Sicherungsvorgangs eingesetzt werden, hat aber ansonsten keine Wirkung.

Allgemeines Format:

attrib <Optionen> <Dateiname>

Mögliche Optionen sind:

+R (= read-only, nur-lesbar setzen)

-R (= read-only, nur-lesbar aufheben)

+A (= archive, Dateiänderungsattribut setzen)

-A (= archive, Dateiänderungsattribut aufheben)

Der Befehl:

☞ c:\>**attrib +R a:nurlesen.txt**

gestattet nach seiner Ausführung keine Veränderung an der Datei **nurlesen.txt** auf Ihrer Diskette mehr.

Mit dem Befehl

c:\>attrib +A a:archiv.bsp

setzen Sie für die Datei archiv.bsp auf ihrer Diskette das Dateiänderungsattribut.

Sicherung auf externen Speichern

Das zentrale Problem heutiger Datenverarbeitung ist zweifellos die Datensicherung. Oftmals kann es erforderlich sein, größere Datenmengen auf einmal zu sichern.

Zur Sicherung von Daten einer Festplatte kann unter MS-DOS der Befehl

☞ **backup** <Quellangaben> <Zielangaben>

benutzt werden. Der Befehl

☞ c:\>**backup c:\word\texte a:**

sichert alle Dateien des Verzeichnisses c:\word\texte auf Disketten. Backup beginnt mit der Aufforderung, die 1. Diskette in Laufwerk a: einzulegen. Jedesmal, wenn eine neue Diskette gebraucht wird, müssen Sie eine neue Diskette einlegen. Wenn Sie nicht mit MS-DOS 4.0, sondern mit einer früheren Version arbeiten, müssen Sie darauf achten, daß genügend formatierte Disketten zur Hand sind, sonst müssen Sie den gesamten Backup-Prozeß abbrechen, die Disketten formatieren und von vorn beginnen.

Den kompletten Inhalt der Festplatte inklusive Unterverzeichnisse können Sie durch den Befehl — Bitte nicht ausführen!! —

☞ c:\>**backup c:\ a: /s**

auf Diskette sichern. Durch den Schalter **/s** werden hierarchisch untergeordnete Verzeichnisse komplett mitgesichert.

Achten Sie darauf, daß die Backup-Disketten beim Sichern vom Betriebssystem durchnumeriert werden, um die korrekten Informationen wiederherstellen zu können. Nehmen Sie entsprechende Beschriftungen auf Ihren Etiketten vor.

Wiedergewinnen der Daten: restore

Um mit backup gesicherte Daten von den Disketten auf eine Festplatte zurückzuspeichern, benötigen Sie den Befehl

☞ **restore** <Quellangaben> <Zielangaben>

Wenn Sie den kompletten Inhalt der Disketten ins Verzeichnis c:\word\texte zurückspeichern wollen, geben Sie ein

☞ c:\>**restore a: c:\word\texte**

Wie der backup-Befehl, so fordert auch restore nacheinander die nächste Diskette selbständig an. Das Programm restore fragt also zunächst nach der Sicherungsdiskette 1.

Mit

☞ c:\>**restore a: c: /s**

wird eine Sicherung der kompletten Festplatte samt aller Unterverzeichnisse zurückgespeichert.

☛ ***HINWEIS:*** *Mit backup gesicherte Daten können nicht durch einen COPY-Befehl so auf die Festplatte gebracht werden, daß die Dateien wiederverwendet werden können. Außerdem muß die Verzeichnisstruktur der alten und neuen Festplatte die gleiche sein.*

Anlegen und Editieren von Dateien

Einfaches Anlegen einer Datei

Es kann gelegentlich einmal vorkommen, daß Sie selbst eine kleine Datei in MS-DOS anlegen wollen, z.B. um eine Befehlsfolge als Stapel-Datei abzuspeichern. Es ist dabei erforderlich, daß die Datei reinen ASCII-Code enthält und keine Formatierungskennzeichen irgendwelcher Anwendungssoftware.

Hierfür haben Sie mehrere Möglichkeiten:

❶ Sie benutzen ein Textverarbeitungsprogramm wie WORD.

Dann müssen Sie nach Erstellen des Textes lediglich darauf achten, daß die Datei **unformatiert** abgespeichert wird.

Bei WORD: ÜBERTRAGEN — SPEICHERN — Dateiname <TAB>-Taste Formatiert:(NEIN) — <ENTER>

❷ Sie benutzen einen Editor von MS-DOS: EDLIN oder EDIT.

Eine Datei anlegen und/oder editieren können Sie bei einigen MS-DOS-Versionen (z.B. Olivetti-DOS) durch den Befehl

edit <Dateiname>

Wollen Sie z.B. das Programm WORD nach dem Starten des Computers über eine BATCH-Datei direkt starten können, gehen Sie folgendermaßen vor:

a:\>edit text.bat

Die Frage, ob Sie eine neue Datei erstellen möchten, beantworten Sie bitte mit J und drücken einmal die <ENTER>-Taste.

Nun können Sie die entsprechenden Befehle eintragen: (Die Kommentare rechts dienen lediglich Ihrer

Information und sollen nicht mit eingegeben werden!)

☛ ***c:*** *Wechseln auf die Festplatte*

☛ ***cd\word*** *Wechseln ins Unterverzeichnis für WORD*

☛ ***word*** *Aufruf des Programms*

☛ ***cd*** *Rückkehr ins Hauptverzeichnis*

☛ **Hinweis** *<SHIFT>* +
<F5> ***Abspeichern der Datei***

Sollten Sie versehentlich eine Zeile zuviel geschrieben haben, können Sie diese durch

☞ **<SHIFT>+<F2>**

löschen.

Wenn Sie eine Zeile vergessen haben, können Sie eine neue durch

☞ **<ENTER>**

einfügen. Bewegen Sie den Cursor in eine Zeile und drücken Sie dann die Taste; die Leerzeile wird **nach** der Zeile eingefügt.

Ihre Batch-Datei können Sie zur Ausführung bringen, indem Sie einfach den Namen der Datei (hier: **text**) eintippen und anschließend <enter> drücken. Das Programm WORD wird dann gestartet und der vertraute WORD-Bildschirm erscheint.

❸ Kopieren der Tastatureingabe

Mit dem Befehl

☞ a:\>**copy con <dateiname>**

können Sie Eingaben über die Tastatur unmittelbar in einer Datei speichern — die Tastaturanschläge werden in die angegebene Datei hineinkopiert.

Wenn Sie eine kleine Notiz anlegen möchten, können Sie dies durch eine einfache Eingabe erreichen:

☞ a:\>**copy con notiz.txt** <ENTER>

Dies ist nur eine kleine Notiz.

<ENTER><F6><ENTER>

☛ ***HINWEIS:*** *<F6> gibt an, daß Ihre Eingabe in die Datei nunmehr beendet ist.*

Inhaltliche Änderungen in der Datei sind mit Hilfe des Befehls copy con nicht möglich.

Systemkonfiguration

Den Dateien **autoexec.bat** und **config.sys** kommt bei der Arbeit mit MS-DOS besondere Bedeutung zu. Wenn Ihr Computer gestartet wird, so wird übers ROM-BIOS nach dem Selbsttest und dem Laden des residenten Teils des Betriebssystems die Existenz dieser beiden Dateien erfragt. Um hier erkannt zu werden, müssen beide Dateien im Hauptverzeichnis vorhanden sein. Sind sie dort aufzufinden, so werden ohne weitere Rückfragen die Befehle ausgeführt, die dort eingetragen sind.

So sind auch Sie bisher durch die Einträge in diesen Dateien verwöhnt worden. Der autoexec.bat ist es zu danken, daß über Ihre Tastatur direkt die deutschen Zeichen eingegeben werden können und daß Ihnen der Prompt mitteilt, in welchem Verzeichnis der Festplatte oder Diskette Sie jeweils aktiv sind. Die Einträge in der Datei config.sys sorgen u.a. dafür, daß Sie überhaupt mit einem Datenbankprogramm wie DBASE arbeiten können.

Eine typische **autoexec.bat**-Datei enthält Systemanpassungen wie folgende Befehlsfolge:

echo off	(Ausschalten von Rückmeldungen)
cls	(Löschen des Bildschirms)
path c:\dos	(Wenn die angesprochene Datei nicht im aktiven Verzeichnis zu finden ist, soll im Verzeichnis dos nach ihr gesucht werden)
keyb gr	(Deutsche Tastaturanpassung)
prompt pg	(Einstellen des Bereitschaftszeichens mit Anzeige des aktiven Verzeichnisses)

Bitte beachten Sie, daß natürlich jeder dieser Befehle auch nach dem Prompt direkt eingegeben werden kann. Seine Wirkung bleibt wie beschrieben erhalten.

Schließlich besteht diese Datei als Batch-Datei ja nur aus MS-DOS-Befehlen, die der Reihe nach abgearbeitet werden.

Die Datei **config.sys** kann eine Fülle von Anweisungen enthalten, die hier vorzustellen unmöglich ist. Nur auf einige Einträge müssen Sie achten:

files=20 (Anzahl geöffneter Dateien: 20)

buffers=20 (Anzahl von Zwischenpuffern: 20)

device=c:\dos\ansi.sys
(erweiterte Bildschirmsteuerung)

country=049 (Deutsches Datums- und Zeitformat)

Beide Dateien können Sie, wie oben beschrieben, über einen Editor bequem selbst erstellen.

Wiederholungsübungen

☛ ***Hinweis*** *Legen Sie wieder Ihre Diskette in Laufwerk A: und schalten Sie auf dieses Laufwerk um.*

1.

Lassen Sie sich alle Dateien auf Ihrer Beispieldiskette seitenweise anzeigen.

✍ ____

2.

Lassen Sie sich den Inhalt der Datei **config.sys** auf dem Bildschirm anzeigen.

✍ ____

3.

Erstellen Sie ausgehend vom Hauptverzeichnis der Diskette ein Unterverzeichnis mit dem Namen **diski**.

✍ ____

4.

Kopieren Sie die Datei **tell.txt** in dieses Verzeichnis.

✍ ____

5. Wechseln Sie in dieses Verzeichnis.

✍ ______________________________

6. Kopieren Sie die Datei **tellur.txt** vom Hauptverzeichnis ins aktive Unterverzeichnis.

✍ ______________________________

7. Setzen Sie für die Datei **text.bak** auf Ihrer Diskette das Attribut „Nur-Lesen".

✍ ______________________________

8. Legen Sie das Unterverzeichnis **zwei** vom derzeit aktiven Unterverzeichnis aus an.

✍ ______________________________

9. Kopieren Sie die Datei **mode.com** aus Ihrem DOS-Verzeichnis auf der Festplatte in dieses neue Verzeichnis.

✍ ______________________________

Benennen Sie diese Datei in **mode90.com** um. 10.

✍ ______________________________

Vergleichen Sie die Dateien **mode90.com** im Unterverzeichnis mit der Datei **mode.com** im DOS-Verzeichnis Ihrer Festplatte auf Inhaltsgleichheit. 11.

✍ ______________________________

Wechseln Sie in das Verzeichnis **zwei** und prüfen Sie, welche Dateien in diesem Verzeichnis vorhanden sind. 12.

✍ ______________________________

✍ ______________________________

Löschen Sie das Unterverzeichnis **zwei**. Schreiben Sie die hierzu nötigen Schritte auf. 13.

✍ ______________________________

✍ ______________________________

14.

Löschen Sie das Unterverzeichnis **diski**. Schreiben Sie auch hier die nötigen Schritte auf.

✍ ______________________________

✍ ______________________________

15.

FÜR FORTGESCHRITTENE: Erstellen Sie eine Batch-Datei, die es Ihnen ermöglicht, von der Diskette aus durch Eingabe des Namens der Batch-Datei direkt das Programm **EXCEL** (oder ein anderes Anwendungsprogramm) zu starten.

✍ ______________________________

✍ ______________________________

✍ ______________________________

Lernkontrollfragen

1. Welche allgemeinen Dienste leistet das Betriebssystem MS-DOS?

✍ ______________________________

✍ ______________________________

2. Welche Aufgaben kann der Computer ohne ein Betriebssystem erfüllen?

✍ ______________________________

3. Wie heißen die drei Dateien, die zum residenten Teil des Betriebssystems DOS gehören?

✍ ______________________________

4. Mit welchem Teil des Betriebssystems kann der Benutzer direkt arbeiten?

✍ ______________________________

5. Welche Aufgaben erfüllen die Programme in der IO.SYS-Datei?

✍ ______________________________

6. Welche Datei enthält die Dateiverwaltungsroutinen?

✍ ______________________________

7. Was ist ein Prompt?

✍ ______________________________

8. Wie erfolgt am Computer ein sog. „Warmstart“?

✍ ______________________________

9. Was ist eine Datei?

✍ ______________________________

Nennen Sie ein Beispiel für ein Joker-Zeichen. **10.**

✍ ____

Wie lang darf ein Dateiname sein? **11.**

✍ ____

MS-DOS 4.0: ARBEIT MIT DER DOSSHELL

EINFÜHRUNG

MS-DOS 4.0 unterscheidet sich neben weiteren internen Verbesserungen (u.a. können Festplatten genutzt werden, deren Kapazität 32 MByte überschreitet) von den Vorgängerversionen vor allem durch eine neue, grafische Benutzeroberfläche: die DOSSHELL, die von der Benutzeroberfläche WINDOWS abgeleitet wurde.

Bisher haben Sie lediglich die Kommandozeile unter MS-DOS kennengelernt. Nach dem Prompt-Zeichen muß ein Befehl eingegeben und durch Drücken der <enter>-Taste zur Ausführung gebracht werden. Als Benutzer müssen Sie dazu immer den korrekten, englischsprachigen Befehl im Kopf oder zur Hand haben. Grafische Benutzeroberflächen bieten Ihnen dagegen optische Orientierungshilfen und eine Anzeige von Auswahlmöglichkeiten, die in der Regel über eine Maus angesteuert und zur Ausführung gebracht werden können.

Von der Firma Digital Research entwickelt und über die Anwendung in der Welt der APPLE-PCs weit verbreitet, ist GEM (= Graphics Environment Manager) die wohl bekannteste grafische Benutzeroberfläche heute. GEM gibt es inzwischen auch für IBM-kompatible PCs, doch ist mit MICROSOFT WINDOWS hier ein starker Konkurrent herangewachsen. Komplette Anwendungsprogramme für Desktop Publishing (Pagemaker oder Ventura Publisher) oder Tabellenkalkulation (EXCEL) werden bereits ausschließlich über grafische Benutzeroberflächen gesteuert.

Ein Grund hierfür liegt sicherlich darin, daß diese sich heute beim Anwender großer Beliebtheit erfreuen — sie sind einfach zu bedienen und schnell zu erlernen. Haben Sie sich einmal an die Steuerung des Systems gewöhnt, können Sie sich problemlos in andere Anwendungen einarbeiten.

Die **DOSSHELL** ist eine **einfache** grafische Benutzeroberfläche zur **Bedienung** des Betriebssystems

MS-DOS. Sie leistet nicht mehr als MS-DOS selbst, denn es handelt sich lediglich um eine sog. „Betriebssystem-Erweiterung“. Sie ermöglicht es einem ungeübten Anwender allerdings, MS-DOS Befehle auszuführen, ohne die entsprechenden Befehlswörter zu kennen. Als geübter Anwender können Sie Voreinstellungen und Arbeitserleichterungen schaffen, so daß der Umgang mit dem Betriebssystem fast zum Kinderspiel wird.

DOSSHELL STARTEN

Die **dosshell** ist eine Summe gewöhnlicher MS-DOS-Dienstprogramme und kann über eine Batch-Datei (dosshell.bat) gestartet werden.

Geben Sie also ein:

☞ c:\>**dosshell** **<enter>**

Sie erhalten folgendes Bild:

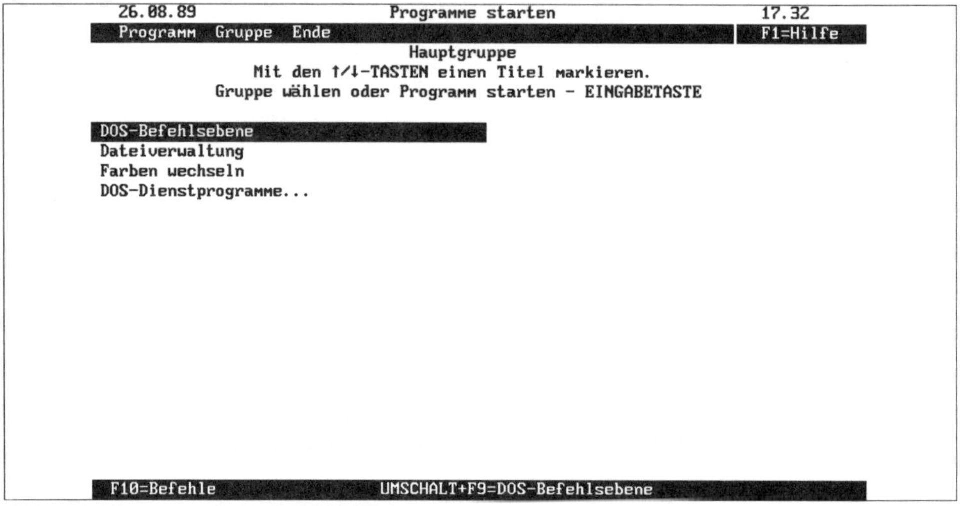

Abb. 14: Hauptmenü der DOSSHELL

Der Eingangsbildschirm zeigt die sog. „Hauptgruppe“ (dazu später mehr). In der obersten Bildschirmzeile ist links das Systemdatum, rechts die Systemzeit eingeblendet.

In der Menüzeile darunter sind die Menünamen **Programm**, **Gruppe** und **Ende** aufgeführt. Über diese Menüs werden wir später die genannten Arbeitserleichterungen schaffen.

Den größten Teil des Bildschirms nimmt die Hauptgruppe selbst ein. Sie besteht standardmäßig aus folgenden vier Gruppen, wobei eine Gruppe hier als eine Art Untermenü bezeichnet werden kann, über die weitere Leistungen des Systems abgerufen werden können. Die Standardgruppen sind:

1. DOS-Befehlsebene

Über diesen Auswahlpunkt können Sie zum bekannten DOS-Prompt zurückkehren und wie bisher einen MS-DOS-Befehl zur Ausführung bringen.

2. Dateiverwaltung

Die Dateiverwaltung zeigt Ihnen Verzeichnisinhalte von Festplattenbereichen oder einer Diskette und bietet Ihnen die grundlegenden Dateioperationen: kopieren, löschen, umbenennen usw..

3. Farben wechseln

Hier können die Farbeinstellungen für das System vorgenommen werden. Bei monochromen Bildschirmen ist diese Funktion nicht aktiv.

4. DOS-Dienstprogramme

Wenn Sie diesen Punkt wählen, können neben der Zeit- und Datumeinstellung wichtige Disketten- und Festplattenoperationen (diskcopy, backup u.a.) durchgeführt werden.

Daneben ist die Belegung einiger Funktionstasten am Bildschirm zu erkennen. Mit der Taste <F1> kann beispielsweise jederzeit eine Hilfe-Funktion zu dem

Befehl/Auswahlpunkt aufgerufen werden, der im Moment vom Cursor markiert wird. Mit <F10> gelangen Sie jeweils in die Menüebene.

Drücken Sie bitte <F1>, um eine Hilfe zur DOS-Befehlsebene zu erhalten.

Mit den Cursortasten können Sie den eingeblendeten Hilfetext nach unten bzw. nach oben verschieben, um so die Gesamtinformation zu erhalten.

Blättern Sie ein wenig im Hilfetext und verlassen Sie diesen Bereich dann — wie angezeigt — durch Drükken der <esc>-Taste.

DATEIVERWALTUNG IN DER DOS-SHELL

Zunächst soll nun die Dateiverwaltung ein wenig genauer betrachtet werden.

☛ ***HINWEIS:*** *Bei der Arbeit mit der Maus markieren Sie eine Option durch Drücken der linken Maustaste. Wenn Sie etwas ausführen wollen, müssen Sie die linke Maustaste zweimal kurz hintereinander drücken.*

Bewegen Sie den Cursor auf **Dateiverwaltung** und drücken sie die <enter>-Taste, um Ihre Auswahl zu bestätigen. Eine neue Bildschirmdarstellung, die Sie auf der folgenden Seite abgebildet finden, wird Ihnen geboten.

Neben einigen Menüpunkten oben sehen Sie in der 1. umrahmten Zeile das aktive Laufwerk (A, B oder C) hell unterlegt. In der 2. umrahmten Zeile wird das aktive Verzeichnis angegeben.

Direkt darunter ist im linken Hauptbereich die komplette Verzeichnisstruktur der Festplatte zu sehen.

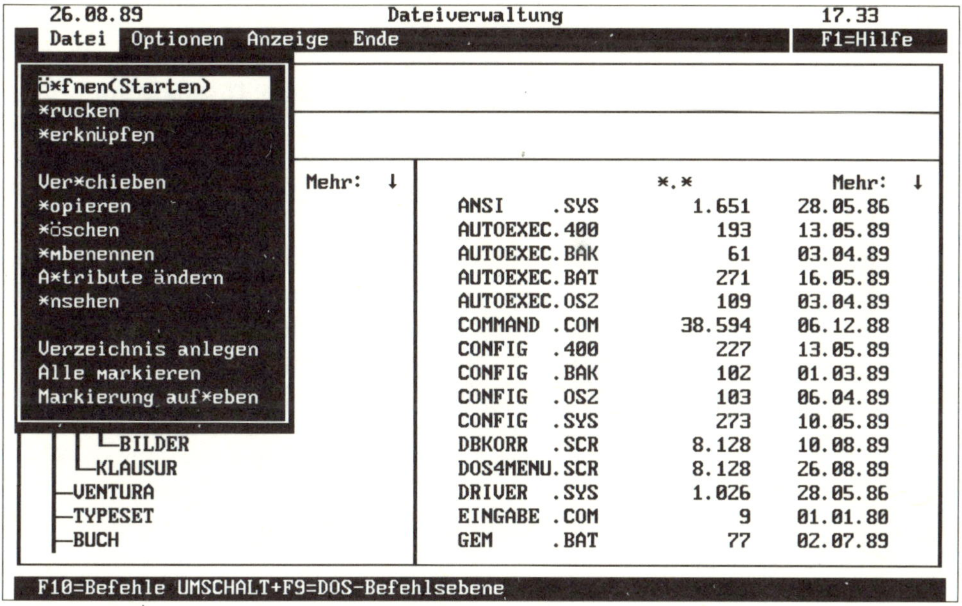

Abb. 15: Dateiverwaltung in der DOSSHELL

Der helle Pfeil sagt aus, welches Verzeichnis z. Z. ausgewählt ist.

Im rechten Hauptbereich werden alphabetisch geordnet die Dateien in diesem Verzeichnis aufgelistet. Momentan sollte das Hauptverzeichnis der Festplatte zu sehen sein.

Mit der <tab>-Taste können Sie von einem Bildschirmbereich in den nächsten wandern. Probieren Sie dies bitte aus.

Nun sollen Sie im linken Bildschirmbereich aus der Verzeichnisstruktur ein beliebiges Verzeichnis auswählen:

Wandern Sie mit der <tab>-Taste bis in diesen Bildschirmbereich. Bewegen Sie den Cursor nach unten, bis das Verzeichnis hell unterlegt ist und bestätigen Sie Ihre Wahl mit <enter>. Der Markierungspfeil verschiebt sich auf das gewählte Verzeichnis und alle Dateien in diesem Directory werden im rechten Bildschirmbereich angezeigt.

Wandern Sie nun mit dem Cursor ins Verzeichnis word und aktivieren Sie es mit <enter>. Rechts werden nun alle entsprechenden Dateien angezeigt. Es soll nun betrachtet werden, welche Operationen mit diesen Dateien vorgenommen werden können.

Datei starten

Wandern Sie mit der <Tab>-Taste in die Dateiliste und bewegen Sie den Cursor auf die Datei WORD.EXE. Mit dem Aufruf dieser Datei starten Sie normalerweise die Textverarbeitung WORD. Das soll auch jetzt geschehen. Betätigen Sie die <enter>-Taste und es erscheint ein neues Bildschirmfenster. Als „Startprogramm“ ist word.com bereits eingetragen. Für den Start kann jetzt noch eine Text-Datei als Parameter eingegeben werden. Tippen Sie ein:

☞ makevid <enter>

Das Textverarbeitungsprogramm WORD wird gestartet und die Datei **makevid.txt** wird zur Bearbeitung am Bildschirm angezeigt.

Verlassen Sie WORD durch Drücken der <esc>-Taste und anschließendem **Q** (für QUITT) wieder. Nach Aufforderung am Bildschirm müssen Sie dann noch einmal die <enter>-Taste betätigen, um zur **DOS-SHELL** zurückzukehren.

Diese Art des Programmaufrufs können Sie für alle ausführbaren Dateien (Erweiterung: .exe, .com oder .bat) anwenden.

Grundlegende Dateioperationen

Legen Sie nun für die weiteren Arbeitsschritte bitte die Arbeitsdiskette ins Laufwerk a: ein.

Betätigen Sie die <Tab>-Taste, bis in der ersten umrahmten Bildschirmzeile der Buchstabe **C** hell unterlegt ist.

Wechseln Sie bitte mit der Cursortaste auf den Buchstaben **A** und bestätigen Sie den Laufwerkswechsel mit <enter> — die Dateien der Beispieldiskette werden im rechten Hauptfenster angezeigt.

Betätigen Sie zweimal die <Tab>-Taste, um in die Dateiliste zu gelangen und bewegen Sie den Cursor dort auf die Datei

☞ **config.sys**

Da diese Datei nicht direkt ausführbar ist, benutzen Sie die **Leertaste** zum Markieren der Datei! Ein heller Pfeil erscheint nun links neben dem Dateinamen.

Wir wollen jetzt zum ersten Mal eine Menüoperation durchführen.

In jedes DOSSHELL-Menü gelangen Sie durch Drükken der Taste **<F10>**.

Durch <enter> wählen Sie dann das Menü **Datei**. Es erscheint eine Liste möglicher Operationen, für die grundsätzlich gilt: Optionen, die ein Sternchen (*) enthalten oder grau erscheinen, können **nicht** gewählt werden. Alle übrigen Optionen wählen Sie wie üblich: mit dem Cursor unterlegen und <enter> drükken oder hervorgehobenen Anfangsbuchstaben eingeben.

Die markierte Datei **config.sys** soll kopiert werden. Wählen Sie daher über einen der beiden Wege die Option **Kopieren**.

Es wird ein neues Bildschirmfenster geöffnet, in dem die markierte Datei als Quelle des Kopiervorgangs bereits eingetragen ist. Es fehlt die Zielangabe. Bewegen Sie den Cursor hinter den Backslash der Angabe **A:** und ergänzen Sie den Dateinamen

☞ **koonfig.sys**

Der Kopiervorgang wird vollzogen, das Menü Datei sofort verlassen und die angezeigte Dateiliste um die neue Datei ergänzt.

Nun soll zur Übung die alte Datei (**config.sys**) auf der Diskette gelöscht werden.

Wechseln Sie mit der <Tab>-Taste wieder in die Dateiliste und steuern Sie mit dem Cursor die Datei **config.sys** an. Markieren Sie die Datei mit der Leertaste (heller Pfeil daneben!) und drücken Sie <F10> —<enter>, um das Menü **Datei** zu aktivieren. Wählen Sie die Option **Löschen**.

Im neuen Fenster wird Ihnen die zum Löschen vorgesehene Datei noch einmal angezeigt. Mit <enter> leiten Sie dann den Löschvorgang ein. Standardmäßig erfolgt sicherheitshalber noch eine weitere Abfrage:

☞ 1. Diese Datei übergehen und fortfahren

☞ 2. Die Datei löschen

Die Option 1 ist unterlegt, doch weil Sie die Datei wirklich löschen wollen, steuern Sie bitte mit dem Cursor die Option 2 an und drücken <enter>.

Andere Optionen für Dateioperationen wie Umbenennen, Ansehen usw. können in gleicher Weise genutzt werden. Hierauf soll an dieser Stelle allerdings nicht weiter eingegangen werden, da Sie mit den zugehörigen Befehlen vertraut sind.

Menü OPTIONEN

Bisher haben Sie ausschließlich mit den Standard-Einstellungen der DOSSHELL gearbeitet. Manchmal ist es jedoch erforderlich, diese für eine Arbeitssitzung anzupassen. Stellen Sie zunächst das Laufwerk **C** wieder dauerhaft ein (Mit der <Tab>-Taste in die oberste umrahmte Zeile bewegen, die die Buchstaben der Laufwerke enthält, dann mit dem Cursor auf C wechseln).

Betätigen Sie die Taste <F10>, um in die Menüleiste zu gelangen, bewegen Sie den Cursor auf den Menüpunkt **Optionen** und drücken Sie <enter>.

Bestätigen Sie auch die Wahl **Anzeigeoptionen** mit <enter> und wandern Sie anschließend mit der <Tab>-Taste ins Feld ***geordnet nach***: Unterlegen Sie dort mit dem Cursor die Option **Erweiterung** und drücken Sie <enter>.

Die Dateien werden nun jeweils nach der Erweiterung geordnet angezeigt.

Diese Anzeige-Option ist so lange aktiv, bis Sie über den gleichen Weg eine andere Option wählen oder die DOSSHELL ganz verlassen wird.

Menü ANZEIGE

Mit dem Menüpunkt ANZEIGE können Sie zwischen verschiedenen Formaten der Dateianzeige wählen. Standard ist die Option **Eine Dateiliste**, über die

Dateien des aktiven Unterverzeichnisses angezeigt werden.

Drücken Sie die Taste <F10>, unterlegen Sie das Menü ANZEIGE und bestätigen Sie mit <enter>.

Die Option **Mehrere Dateilisten** öffnet zwei Bildschirmfenster, in denen jeweils unterschiedliche Verzeichnisse angesprochen werden können. Über die <Tab>-Taste können Sie zwischen den Bildschirmbereichen wechseln.

Über die Option **Systemdateiliste** werden **alle** Dateien der Festplatte bzw. Diskette angezeigt. Unterlegen Sie diese Option und drücken Sie <enter>.

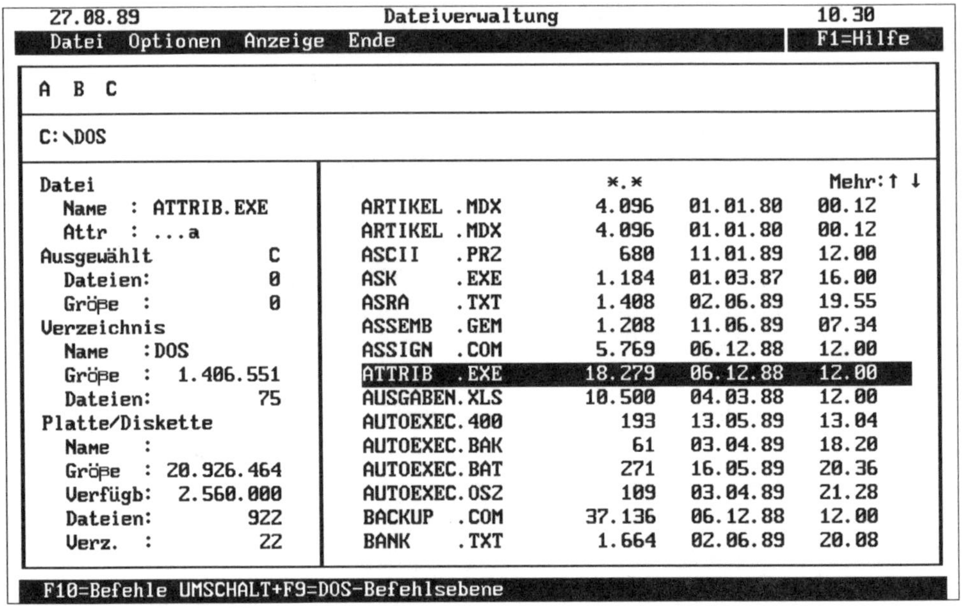

Abb. 16: Systemdateiliste

Im linken Bildschirmbereich können nun mehrere Bereiche unterschieden werden.

Zunächst wird der jeweils unterlegte Dateiname und evtl. das zugehörige Dateiattribut angezeigt. Darunter erhalten Sie Informationen darüber, wieviele Dateien markiert wurden und welche Anzahl Bytes sie alle belegen. Anschließend werden das Verzeichnis der zuletzt markierten Datei, die Größe des Verzeichnisses in Byte und die Anzahl der Dateien in diesem Verzeichnis genannt. Der letzte Abschnitt schließlich gibt Informationen über die gesamte **Platte** bzw. **Diskette**.

Unter ***Name*** wird hier ein u.U. vorhandener Datenträgername angezeigt; ***Größe*** beschreibt die Kapazität der Festplatte/Diskette in Bytes; unter ***Verfügb*** wird die Anzahl freier Bytes festgehalten; ***Dateien*** gibt Auskunft darüber, wieviel Dateien insgesamt auf der Festplatte/Diskette vorhanden sind und ***Verz nennt*** die Anzahl eingerichteter Verzeichnisse.

Sie erhalten auf diesem Weg einen recht vollständigen Überblick über den gesamten externen Speicher. Mehrfachoperationen, wie das komplette Löschen aller Dateien mit der Erweiterung .BAK bzw. .SIK, können so übersichtlich und verzeichnisübergreifend gesteuert werden.

Hierzu soll eine kleine Übung durchgeführt werden.

Achten Sie darauf, daß zunächst die Option **Eine Dateiliste** aktiv bleibt und im Verzeichnisbaum c:\ markiert ist.

Wechseln Sie dann mit <F10> ins Menü **Datei** und wählen Sie die Option **Verzeichnis anlegen** —<enter>. Im neuen Fenster geben Sie nach der Aufforderung **Neuer Verzeichnisname *versuch*** ein und bestätigen den Namen mit <enter>.

Das Verzeichnis ***versuch*** wird sofort in den Verzeichnisbaum aufgenommen.

Rufen Sie nun das Menü **Optionen** auf und bestätigen Sie hier den Auswahlpunkt **Anzeigeoptionen** mit <enter>.

Nehmen Sie unter ***Name***: die Eintragung ***.sys** <enter> vor — damit werden alle Systemdateien auf der

Festplatte erfaßt. Drücken Sie nun die <Tab>-Taste und bewegen Sie den Cursor im Bereich **Geordnet nach**: auf den Eintrag **name**. Betätigen Sie dann noch einmal die <enter>-Taste, damit die Sortierung nach Namen auch korrekt erfolgen kann.

Wählen Sie nun über <F10> und Cursor das Menü **Anzeige** aus, markieren Sie die Option **Systemdateiliste** <enter>.

Es sollten jetzt einige Dateien mit der Erweiterung **.sys** doppelt vorkommen. Das wollen wir untersuchen. Wechseln Sie mit der <Tab>-Taste in die Dateiliste und „blättern" Sie die Dateien mit der Cursortaste durch. Beachten Sie die Informationen in der linken Bildschirmseite: Doppelt vorhandene Dateien werden einmal im ROOT-Directory und einmal im Unterverzeichnis C:\DOS geführt.

Markieren Sie von den doppelt vorkommenden Dateien jeweils eine mit der Leertaste und alle Dateien, die nur einmal auf dem Bildschirm angezeigt werden.

Drücken Sie <F10> und bestätigen Sie die Wahl des Menüs **Datei** mit <enter>. Rufen Sie dann die Option **Kopieren** auf. Im Fenster sehen Sie hinter der Eingabe **von:** eine unvollständig sichtbare Liste Ihrer markierten Dateien, der Cursor blinkt hinter **nach:**. Tragen Sie dort bitte **c:\versuch** ein und drücken Sie <enter>. Am Bildschirm werden nun nacheinander die Namen der kopierten Dateien eingeblendet.

Drücken Sie <F3>, um die Dateiverwaltung zu verlassen und zur Hauptgruppe zurückzukehren.

DIENSTPROGRAMME

Auch einige wichtige Dienstprogramme können über die DOSSHELL aktiviert werden. Markieren Sie in der Hauptgruppe den Auswahlpunkt **DOS-Dienstprogramme...** <enter>.

```
26.08.89                    Programme starten                      17.33
  Programm  Gruppe  Ende                                          F1=Hilfe
                           DOS-Dienstprogramme...
                 Mit den ↑/↓-TASTEN einen Titel markieren.
              Gruppe wählen oder Programm starten - EINGABETASTE

 Datum und Zeit setzen
 Diskette kopieren (diskcopy)
 Disketten vergleichen (diskcomp)
 Festplatte sichern
 Festplatte wiederherstellen
 Formatieren









  F10=Befehle  ESC=Abbrechen  UMSCHALT+F9=DOS-Befehlsebene
```

Abb. 17: DOS-Dienstprogramme

Aus den angebotenen Aktionen soll die Option **Datum und Zeit setzen** ausgeführt werden, die Sie ebenfalls aus den vorherigen Übungen kennen sollten. Dahinter verbergen sich nämlich die internen Befehl ***date*** und ***time***, die hier aufgerufen werden können, ohne daß der Anwender sich diese englischsprachigen Befehlswörter merken muß.

Unterlegen Sie die gewünschte Option mit dem Cursor und drücken Sie wie üblich die <enter>-Taste. Im Bildschirmfenster erhalten Sie Informationen über das Format, in dem die Datumseingabe vorgenommen werden muß (TT.MM.JJ Tag,Monat,Jahr jeweils zweistellig und durch Punkt getrennt). Geben Sie das aktuelle Tagesdatum entsprechend ein und bestätigen Sie mit <enter>.

Für die folgende Zeit-Angabe muß das Format HH.MM (Stunde,Minute) beachtet werden. Geben Sie auch die aktuelle Zeit entsprechend ein <enter>.

Anschließend erhalten Sie üblicherweise bei leerem Bildschirm die Meldung „Wenn bereit, eine beliebige Taste drücken". Kommen Sie der Aufforderung nach, um ins Menü *DOS-Dienstprogramme...* zurückzukehren.

Weiteren Auswahlmöglichkeiten können entsprechend aufgerufen werden. Sie sollen hier nicht näher betrachtet werden.

Mit <esc> gelangen Sie zurück in die Hauptgruppe.

INDIVIDUELLE EINSTELLUNGEN

Bisher haben wir lediglich einige der uns von der DOSSHELL zur Verfügung gestellten Möglichkeiten genutzt, die uns bereits von der Arbeit mit den DOS-Befehlen her vertraut waren. Wie oben jedoch bereits angedeutet, können auch individuelle Anpassungen vorgenommen werden. Hierzu sollen sie eine neue Hauptgruppe anlegen und dort eigene Programme hinzufügen.

Einrichten einer Gruppe

Drücken Sie in der Hauptgruppe <F10> und wählen Sie das Menü **Gruppe**. Bestätigen Sie dort die Option **Hinzufügen** mit <enter>.

TITEL gibt an, welcher Bildschirmtext für diese neue Gruppe angezeigt wird. Tragen Sie ein:

☞ Anwendungsprogramme starten

☛ ***HINWEIS:*** *Der Cursor wandert in allen derartigen Bildschirmausschnitten automatisch weiter, wenn der Text die Vorgabebreite überschreitet. Achten Sie bitte auf eine korrekte Eingabe.*

Wechseln Sie mit <enter> zur Eintragung ***DATEINAME***. Diese Eingabe ist erforderlich, weil neue

Gruppen als Datei abgespeichert werden (Dateiname mit Erweiterung .MEU), um sie jederzeit wieder in die Leistungen der DOSSHELL integrieren zu können. Entsprechend darf der Eintrag **hier** 8 Zeichen nicht überschreiten und muß den Konventionen für Dateinamen unter MS-DOS auch ansonsten entsprechen. Tippen sie bitte ein

☞ **anwend** <enter>.

Die nächsten Einträge **müssen** Sie nicht mehr vornehmen, wir wollen den kompletten Arbeitsgang allerdings einmal beispielhaft durchführen.

Der *HILFETEXT* wird angezeigt, wenn später bei hell unterlegtem Gruppentitel die <F1>-Taste für Hilfe gedrückt wird. Geben Sie hier bitte folgenden Text ein:

☞ Mit diesem Auswahlpunkt können Sie bestimmte Anwendungsprogramme starten. Die Auswahl ist durch ein Paßwort geschützt. Wenn Sie die Option benutzen wollen, fragen Sie bitte zuvor Ihren Chef nach dem Paßwort.

☞ <enter>

Im letzten Eingabebereich **PASSWORT** schließlich können Sie die neue Gruppe vor unerlaubtem Zugriff schützen. Geben Sie als Paßwort

☞ ACHTUNG

ein und bestätigen Sie auch diesen letzten Eintrag mit <enter>.

Nachdem alle Angaben gemacht wurden, müssen sie insgesamt abgespeichert werden. Drücken Sie dazu die Taste **<F2> (Sichern)**. Die neue Gruppe wird sofort in die Hauptgruppenliste aufgenommen, der eingegebene Gruppentitel am Bildschirm angezeigt.

Markieren Sie den Titel und drücken Sie die Taste <F1>, um den Hilfetext zu überprüfen. Beenden Sie die Hilfe mit <esc>.

Starten Sie die neue Gruppe (Markieren und <enter>) und probieren Sie das Paßwort aus.

In der Bildschirmanzeige zur neuen Gruppe erwartet Sie nun die Meldung „Die Gruppe ist leer". Es müssen noch Ihre Anweisungen eingetragen werden.

PROGRAMME HINZUFÜGEN

Wechseln Sie mit <F10> in die Menüleiste und wählen Sie im Menü **Programm** die Option **Hinzufügen.**

Wie bei der Festlegung der neuen Gruppe erscheint ein Bildschirm, der verschiedene Eintragungen möglich macht. Unser Ziel ist es, das Textprogramm WORD über einen Menüpunkt direkt starten zu können.

Tragen Sie in der Rubrik ***TITEL***

☞ WORD starten

ein. Im Feld ***BEFEHLE*** werden nun endlich die Ihnen bekannten MS-DOS-Befehle benötigt. Fast immer müssen mehrere Befehle nacheinander ausgeführt werden, um ein Anwendungsprogramm zu starten. Einzelne Kommandos werden hier durch einen senkrechten Doppelbalken voneinander abgetrennt. Diesen erhalten Sie über die Taste <F4>. Geben Sie also ein:

☞ cd\word <F4>(für den Doppelbalken) word <enter>

Unter ***HILFETEXT*** schreiben Sie folgende Sätze:

☞ Das Textverarbeitungsprogramm WORD wird direkt aufgerufen. Wenn Sie es verlassen, kehren Sie in die DOSSHELL zurück.<enter>

Ein ***PASSWORT*** soll hier nicht mehr vergeben werden, speichern Sie also die Eintragungen über <F2> ab.

Probieren Sie Ihr Programm aus — Programmtitel markieren <enter>.

☛ ***HINWEIS:*** *Eine Änderung von Programmtitel, Befehlsfolge etc. ist jeweils ohne Schwierigkeiten möglich. Wählen Sie dazu den Menüpunkt* **Programm**, *Option* **Ändern** *und nehmen Sie die gewünschten Korrekturen vor. Vergessen Sie allerdings nicht, die Änderungen mit <F2> auch zu speichern.*

DOSSHELL VERLASSEN

Mit der Rückkehr aus WORD soll die Einführung in die Betriebssystemerweiterung DOSSHELL der MS-DOS-Version 4.0 beendet werden.

Verlassen Sie die DOSSHELL durch Drücken der Taste <F3> — Sie kehren unmittelbar zum Systemprompt zurück. Lediglich vom Menü Dateiverwaltung aus müssen Sie diese Taste zweimal betätigen, um zum Ausgangspunkt zurückzukehren.

ÜBUNGSTEIL

1.

Rufen Sie über die DOSSHELL ein Textprogramm, z.B. WORD, auf und erläutern Sie in einem kurzen Text die Vorzüge der grafischen Benutzeroberfläche gegenüber der DOS-Befehlsebene.

Speichern Sie die Datei unter dem Namen **DOS-GRAPH** ab.

Andernfalls nehmen Sie bitte ein Blatt zur Hand und schreiben die Vorzüge auf.

2.

Lassen Sie sich, soweit möglich, den Inhalt der Datei über die DOSSHELL-Dateiverwaltung noch einmal am Bildschirm anzeigen.

✍ ______________________________

3.

Kopieren Sie die Datei **driver.sys** aus Ihrem DOS-Verzeichnis (C:\DOS) auf Ihre Beispieldiskette.

✍ ______________________________

✍ ______________________________

4.

Löschen Sie alle Dateien im Verzeichnis **versuch** auf der Festplatte.

✍ ______________________________

Betriebssysteme OS/2 und UNIX

Lernziele:

In diesem Kapitel lernen Sie,

- **welche Aufgaben das Betriebssystem OS/2 erfüllen soll,**
- **warum OS/2 entwickelt wurde,**
- **welche Besonderheiten OS/2 gegenüber MS-DOS aufweist,**
- **wozu ein Session bzw. Presentation Manager dient,**
- **was der LAN-Manager und der SQL-Server erledigen sollen,**
- **wozu die Kompatibiltiätsbox dient,**
- **welche Geschichte das Betriebssystem UNIX hinter sich hat,**
- **warum es unterschiedliche UNIX-Versionen wie bsd 4.3 oder XENIX gibt,**
- **warum UNIX als System für Experten gilt,**
- **welche grundlegenden Merkmale wie Zugriffsschutz und elektronische Kommunikation UNIX besonders auszeichnen und**
- **welche Gemeinsamkeiten und Unterschiede es in der Befehlssyntax zwischen MS-DOS, OS/2 und UNIX gibt.**

OS/2 und UNIX - neue Kräfte für den PC

Das Betriebssystem OS/2

Grundlagen

Glaubt man den Experten, so wird das von Microsoft in Zusammenarbeit mit IBM entwickelte Operating System /2, kurz OS/2 genannt, das Standard-Betriebssystem für Personal Computer der 90er Jahre werden.

Es wird als Multi-Tasking/Single-User System bezeichnet. Ein Benutzer (Single-User) an einem Personal Computer kann dabei mehrere Aufgaben scheinbar gleichzeitig bearbeiten (Multi-Tasking).

Da jeder Personal Computer von seiner Grundkonzeption her von nur einem Mikroprozessor gesteuert wird, kann er im Prinzip nur jeweils eine Aufgabe abarbeiten. Zudem sind die in den ersten PCs verwendeten Mikroprozessoren 8088 und 8086 nur in der Lage, jeweils einen Vorgang zu steuern und zu überwachen. Davon gingen auch die Entwickler von MS-DOS aus und entwarfen es als ein Single-Tasking/Single-User System, d.h. ein Benutzer hat die volle Kontrolle über die komplette Hardware-Konfiguration zur Erledigung einer einzelnen Aufgabe. Erst nach deren Beendigung kann eine neue Arbeit angenommen werden. Wollen Sie z.B. mit dem Textverarbeitungsprogramm WORD 20 Seiten ausdrucken, so ist das gesamte Computersystem für die Zeit des Ausdrucks blockiert.

Mit der Neuentwicklung der Prozessoren 80286 und vor allem 80386 hat sich ein Generationswechsel vollzogen. Diese Prozessoren sind von ihrer Funktionsweise her so angelegt, daß Sie durch sehr schnelles Umschalten zwischen einzelnen Prozessen verschiedene Befehlseingaben faktisch gleichzeitig abarbeiten können. Vereinfacht dargestellt wird der Drukker beim Ausdruck unserer 20 Seiten von WORD aus in regelmäßigen Abschnitten mit neuen Daten versorgt, der Anwender kann jedoch während des Ausdrucks bereits den Text erneut bearbeiten, speichern oder einen anderen Text von einem externen Speicher aufrufen.

OS/2 wurde also vor allem entwickelt, um die neue Prozessoren-Generation zu unterstützen und die Wartezeiten bei der Bearbeitung komplexerer Aufgabenstellungen zu umgehen.

MS-DOS und OS/2

Daneben wurde aber auch daran gedacht, die mittlerweile überholte Konzeption von MS-DOS zu überwinden. Dies betrifft in erster Linie die Größe des adressierbaren Arbeitsspeichers.

Unter MS-DOS konnten hier maximal 1 Megabyte angesprochen werden, wovon lediglich 640 Kilobyte vom Anwender genutzt werden können. Der Rest wird vom ROM-BIOS und der Steuerung der Grafikkarten in Anspruch genommen. Viele vor allem grafikorientierte Anwendungsprogramme wie der Ventura Publisher oder auch EXCEL nutzen den zur Verfügung stehenden Speicherplatz maximal aus.

Vielfach werden daher bereits zusätzliche Speicher-Chips auf speziellen Steckkarten eingesetzt. Diesen Erweiterungs-Speicher (je nach Art Expanded Memory- ab 640 Kbyte — oder Extended Memory — jenseits von 1 MByte — genannt) können unter MS-DOS lediglich einige neuere Anwendungsprogramme überhaupt ansprechen. Dieses Konzept stellt daher nur eine Übergangslösung dar. Unter OS/2 ist es hingegen möglich, einen Arbeitsspeicher von 16 Megabyte für Anwendungsprogramme zur Verfügung zu stellen.

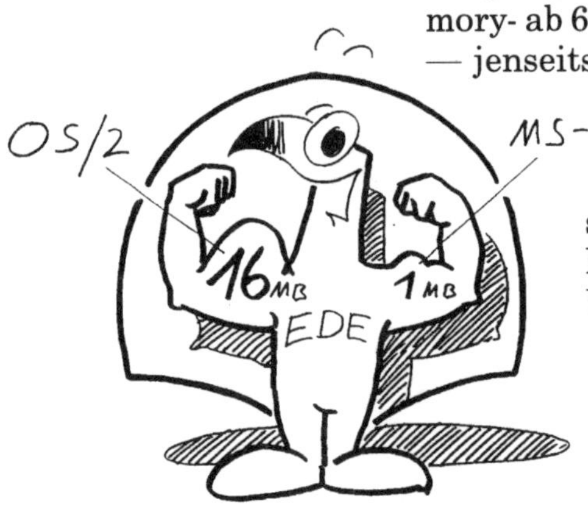

Für den Programmierer und Software-Entwickler ist die Frage von entscheidender Bedeutung, wie in der Programmierung Grundfunktionen des Betriebssystems (Dateiverwaltung, Speicherung der Daten u.a.) genutzt werden können. Von dieser Seite her ist man zudem an langfristig gültigen Programmierlösungen und damit an einer Sicherung der Software-Investitionen von Betrieben interessiert, wie sie bisher MS-DOS garantierte.

Microsoft hat hier bereits seit Ende 1987 Programmierwerkzeuge bereitgestellt und bietet seit Ende 1988 OS/2-benutzbare C-, Pascal-, Basic-Compiler und Macro-Assembler an.

Zunehmend wird daher die Unterstützung von OS/2 durch unter MS-DOS bekannte und weitverbreitete Software-Produkte verbessert. Bis Ende 1989 werden WORD, EXCEL, dBASE, LOTUS 1-2-3, MULTIPLAN usw. auch in OS/2-Versionen angeboten.

Darüber hinaus wurde für die Zeit des Übergangs von MS-DOS zu OS/2 die sog. „Kompatibilitätsbox" eingerichtet. Die Kompatibilitätsbox erlaubt es, unter OS/2 Anwendungsprogramme zu benutzen, die für das Betriebssystem MS-DOS entwickelt wurden. Damit können bereits heute Anwender auf die neue Technologie einschwenken, ohne daß die bisher zuverlässig benutzte Software unbrauchbar wird. Anfang der 90er Jahre wird allerdings auch auf dem Sektor der Anwendungsprogramme der Umbruch vollzogen sein und die Kompatibilitätsbox überflüssig werden.

Der Anwender kann jedoch heute bei allen zusätzlichen Neuerungen aufatmen. Die meisten Betriebssystem-Befehle von OS/2 sind identische oder in Ihrem Funktionsumfang erweiterte MS-DOS-Befehle. Als Anwender müssen Sie beim Umstieg auf OS/2 also nichts grundlegend anderes lernen.

Wenn Sie bereits mit MS-DOS 4.0 gearbeitet haben, fällt der Umstieg umso leichter. Dann ist Ihnen vom Grundprinzip her die Arbeit mit einer grafischen Benutzeroberfläche für die Befehlseingabe bereits bekannt, wie sie der Presentation Manager unter OS/2 darstellt.

Der Presentation Manager

Der Presentation Manager wird seit der OS/2-Edition 1.1 mitgeliefert. Durch ihn wird die Bedienung von OS/2 erheblich vereinfacht.

Zum einen können sämtliche Operationen mit der Maus gesteuert werden. Hierdurch entfällt die Fehlerquelle der Tastatureingabe und es wird ein schnelles und effektives Arbeiten ermöglicht. Das Starten von Programmen oder Auswählen von Betriebssystem-Operationen wird so bald zum Kinderspiel.

Zum anderen kann die Einarbeitungszeit verkürzt werden. Wenn Sie bereits WINDOWS beherrschen, werden Sie sich schnell an den Presentation Manager gewöhnen. Je nach eigener Zielsetzung muß die OS/2-Befehlssprache vom Anwender gar nicht mehr erlernt werden, da er alles vom Bildschirm ablesen kann.

Ein weiterer Vorteil ist die Fenstertechnik. Jedes gestartete Programm kann in einem Bildschirmausschnitt mitverfolgt werden. Über den Presentation Manager können diese Ausschnitte beliebig verkleinert, vergrößert oder verschoben werden. Wie in WINDOWS können Sie auch einen gestarteten Prozeß am Bildschirm ausblenden (Sinnbild-Funktion). Das alles bietet größtmögliche Flexibilität und Überschaubarkeit.

LAN-MANAGER und SQL-SERVER

Vor allem aber sind bereits jetzt verfügbare OS/2-Zusätze in der Lage, den in der Computer-Welt der 90er-Jahre zu erwartenden Kommunikationsboom mit Netzwerken, Datenaustausch zwischen PCs und Rechnern der Mittleren Datentechnik oder Großrechnern zu gewährleisten. Dazu gehört der OS/2 LAN-Manager, der als Netzwerk-Betriebssystem allen Erfordernissen der Netzwerk-Technologie der kommenden Jahre entspricht (s. Kap. PC-Kommunikation).

Der **LAN-Manager** ist eine Gemeinschaftsentwicklung von Microsoft und der amerikanischen Firma 3COM, die stark im Netzwerkgeschäft engagiert ist. OS/2 dient hierbei als Kern der gesamten Netzwerk-Systemsoftware. Bisher waren jeweils herstellereigene Konzepte von Firmen wie NOVELL, UNGERMANN-BASS oder 3COM Grundlagen der Netzwerk-Steuerung. Für Programmierer sind dadurch immer Mehrfach-Anpassungen der Software an unterschiedliche Netzwerke erforderlich, was zeit- und kostenaufwendig ist. Ein Netzwerk unter OS/2 als Standardbetriebssystem benötigt diese Anpassungen nicht. Hierin und nicht etwa allein in den Punkten Leistungsfähigkeit und Bedienerfreundlichkeit liegt das Plus des OS/2 LAN-Managers.

Ebenfalls zu nennen ist in diesem Zusammenhang der **SQL-Server**. SQL ist eine Abkürzung für Structured Query Language (= Strukturierte Abfrage-Sprache) und wird von Datenbanksystemen bei Groß- und Mini-Rechnern als Standard angesehen. Über den SQL-Server können unter OS/2 also Datenbank-Informationen von diesen Rechnern abgerufen und in Ihr PC-Datenbanksystem (das z.B. ganz normales dBASE IV sein kann) integriert werden. Daneben können an PCs dezentral Informationen gesammelt und in einer gemeinsamen Großrechner-Datenbank gespeichert und verwaltet werden. Diese Durchlässigkeit unterschiedlicher Computer-Systeme ist eine der wesentlichen Perspektiven von OS/2.

Vor allem aber soll der SQL-Server in einem OS/2-Netzwerk zum Einsatz kommen, um eine effektive Nutzung von Datenbanksystemen durch mehrere Benutzer zu gewährleisten. dBASE IV beispielsweise wird in einer Netzwerk-Version mit SQL-Server zur Auslieferung kommen. Am Einzel-Arbeitsplatz wird — wie unter MS-DOS gewohnt — mit dBASE IV gearbeitet, der Datenaustausch usw. wird im Netz über den SQL-Server gesteuert.

OS/2 LAN-MANAGER und SQL-SERVER bilden von daher eine zusammengehörige Arbeitsplattform für die PC-Welt unter OS/2.

Kritischer Ausblick

OS/2 hat samt seinen Zusatzprogrammen derzeit noch nicht die 1987 erwartete Verbreitung gefunden. Hierfür gibt es mehrere Ursachen.

❶ Das Software-Angebot für OS/2 ist auch Mitte 1989 noch sehr begrenzt (s.oben). Selbst Microsoft hat bisher lediglich MULTIPLAN 4.0 unter OS/2 vorgelegt, WORD 5.0 wird folgen. Der Anwender hatte also bisher noch nicht die Möglichkeit, OS/2 wirklich auszunutzen. Das wird sich erst zu Beginn der 90er Jahre fundamental ändern.

❷ Wollen Sie OS/2 mit Presentation Manager einsetzen, um auch zwischen verschiedenen Anwendungsprogrammen per Mausklick zu wechseln, ist zudem auf dem Server ein großer Arbeitsspeicher erforderlich: zwischen 2,5 und 4 MByte — darin ist eine geplante Nutzung von LAN-Manager und SQL-Server noch nicht enthalten! Hier wird allerdings die neue Hardware-Generation mit 80486 Mikroprozessor und 4 Megabit Speicherchips eine weitere Tür aufstoßen.

❸ Ein weiterer Grund hinderte die Anwender bisher daran, nun mit fliegenden Fahnen ins OS/2-Lager überzuwechseln: der mit ca 1500,- DM im Vergleich zu MS-DOS (300,- DM oder weniger) doch recht hohe Preis für das Systempaket. Diese Summe wird erst der zu zahlen bereit sein, der die oben genannten Probleme als gelöst betrachtet.

OS/2 wird z.Z. in zwei Versionen angeboten: der Standard Edition von MICROSOFT und der Extended Edition von IBM. Während bereits die Standard Edition den Presentation Manager enthält, bietet IBM ihren Kunden Zusätzliches: ein Datenbank- und ein Kommunikations-Modul für den Netzwerk- oder Großrechner-Anschluß in der IBM-Welt — der SQL-Server wird hier überflüssig.

Das Betriebssystem UNIX

UNIX, 1969 in den Bell Laboratories des amerikanischen Telefon-Konzerns AT & T von Ken Thompson entwickelt, kann nach nunmehr 20 Jahren als der Großvater der Betriebssysteme für Nicht-Großrechner angesehen werden. Zu dieser Zeit sprach noch niemand von Personal Computern und so ist denn auch UNIX für die Mini-Rechner der mittleren Datentechnik entwickelt worden und wird seitdem auf Rechnern diese Typs vorwiegend im Terminal-Betrieb eingesetzt.

Daß dieses Betriebssystem überhaupt Aufnahme in dieses Buch gefunden hat, ist dem Umstand zuzuschreiben, daß die neuen leistungsstarken Personal Computer in bisher von Mini-Rechnern abgedeckten Arbeitsbereichen eingesetzt werden können — als Abteilungsrechner oder als Steuerungsrechner für mehrere Computer-Arbeitsplätze. Aus diesem Grund wurde eine PC-Anpassung von UNIX vorgenommen. Damit hat UNIX in den letzten Jahren eine zunehmende Popularität gewonnen, vor allem angesichts der bereits erwähnten Leistungsgrenzen von MS-DOS bei der Arbeit mit großen Datenmengen und der recht schleppenden Entwicklung von OS/2-Software.

Von der Grundkonzeption her ist UNIX ein Multi-Tasking/Multi-User-Betriebssystem. Es können damit verschiedene Aufgaben, die von mehreren Benutzern an Terminals eingegeben werden, vom UNIX-Rechner gleichzeitig verarbeitet werden. Voraussetzung ist so auch hier die Nutzung eines Multi-Tasking-fähigen Mikroprozessors. In der UNIX-Welt werden dazu meist die 32-bit Chips 68020 und 68030 von Motorola eingesetzt, doch auch die INTEL-Prozessoren 80286 und 80386 fassen langsam Fuß.

Damit wird eine Entwicklung eingeleitet, die in nächster Zukunft zu einer Standardisierung von UNIX führen könnte. Rechner der mittleren Datentechnik von Hewlett-Packard, Unisys oder Nixdorf unterscheiden sich in der verwendeten Technik deutlich und bieten somit keine einheitliche Grundlage für ein Betriebssystem, wie das bei den Personal Computern der Fall ist. Zwar ist UNIX leichter auf andere Maschinen zu übertragen als etwa Großrechner-Systeme, weil der Betriebssystemkern aus 20000 Zeilen

C-Programm und nur aus 2000 Zeilen Maschinencode in Assembler besteht, doch müssen halt diese 10% jeweils umprogrammiert werden. AT & T vergibt daher Lizenzen und überprüft, ob Anpassungen von AT & T's UNIX an bestimmte Rechner festgelegten Spezifikationen entsprechen. Nur diese Anpassungen dürfen den Namen UNIX tragen (Neuestes Kind ist SCO UNIX 386 — eine UNIX-Anpassung für Personal Computer mit dem Intel 80386-Prozessor). Daneben gibt es noch Firmen, die von AT & T eine Lizenz gekauft haben, die es ihnen erlaubt, UNIX eigenständig weiterzuentwickeln. Hierzu gehört Siemens mit dem Betriebssystem SINIX und Microsoft, die mit XENIX eine UNIX-Version speziell für Personal Computer entwickelte. XENIX wird heute von SCO (Santa Cruz Operation) vertrieben und ist die verbreiteste UNIX-Version überhaupt.

Als UNIX Ende der 60er-Jahre entwickelt wurde, benötigte man ein Produkt, das vor allem die Programmierung von Computer-Systemen unterstützen sollte. UNIX wurde daher zunächst überhaupt nicht vermarktet, sondern gegen eine geringe Gebühr amerikanischen Universitäten zu Ausbildungszwecken zur Verfügung gestellt. Die University of Berkeley in California hat die vorhandenen Grundversionen des AT & T—UNIX eigenständig weiterentwickelt und vertreibt heute mit BSD 4.3 (=Berkeley System Distribution) eine der weltweit verbreitesten UNIX-Versionen.

Seit den Anfangstagen hat sich UNIX zu einem vollständigen und sehr leistungsstarken Betriebssystem weiterentwickelt, doch trägt es seine Grundkonzeption noch in sich. So gehören ein C-Compiler, unterschiedliche, stark auf Probleme bei der Erstellung umfangreicher Programme abgestimmte Editoren und Hilfsmittel zur Fehlersuche bei eigenen Programmierungen zum Standard-Lieferumfang. Daneben zeigt auch die Befehlssyntax, wo wenig sprechende Befehle wie **ls**, **rm**, **pwd** oder **cp** durch z.T. 10 oder mehr Zusatzoptionen in ihrer Wirkungsweise geändert werden, daß UNIX kein System ist, mit dem sich Computer-Anfänger in kurzer Zeit vertraut machen können. UNIX hat daher den Ruf, ein Betriebssystem von Experten für Experten zu sein. Sind Sie allerdings im Umgang mit MS-DOS einigermaßen sicher, so dürfte es Ihnen nicht schwerfallen, die Kommandos von UNIX schnell zu erlernen, zumal MS-DOS in der Konzeption einiges bei UNIX entlehnt hat.

Grundlegende Merkmale von UNIX sind u.a.:

- ☞ hierarchisches Dateisystem
- ☞ hierarchisches Benutzerkonzept
- ☞ Hintergrundprozesse
- ☞ Zugriffschutz
- ☞ elektronische Kommunikation
- ☞ austauschbare, voll programmierbare Kommando-Interpreter

Ein **hierarchisches Dateisystem** ist Ihnen bereits von MS-DOS her bekannt: die Einteilung der Festplatte in mehrere Unterverzeichnisse, die unterschiedliche Programme enthalten. Dieses Konzept wurde von UNIX übernommen. Unterverzeichnisse können unter UNIX allerdings nur zum Teil beliebig angelegt werden. Für eine reibungslose Kommunikation der Computer untereinander muß ja sichergestellt sein, wo bestimmte Programm-Dateien zu finden sind. Aus diesem Grund werden bei der Installation von UNIX Standard-Unterverzeichnisse automatisch angelegt. So enthält das Unterverzeichnis **/bin** die wichtigsten Betriebssystem-Dateien, das Directory **/dev** verwaltet die angeschlossenen Terminals und Drucker usw.. Auch Sie als Anwender erhalten automatisch ein bestimmtes Verzeichnis zugewiesen: /usr/(Name, unter dem Sie beim System bekannt sind) — dieses Verzeichnis wird Ihr HOME-Directory genannt. Hier legen Sie Ihre eigenen Daten ab. Das UNIX-Hauptverzeichnis heißt übrigens ebenfalls „ROOT“, wird allerdings nicht mit einem Backslash angesprochen, sondern mit einem einfachen Schrägstrich („/"). Das Kommando **cd /** bringt Sie unter UNIX mit einem Schritt zurück ins Hauptverzeichnis.

Dort können Sie allerdings nicht beliebig schalten und walten, wie es unter MS-DOS möglich ist. In einem Multiuser-System müssen Sicherungen eingebaut sein, die es verhindern, daß ein Anwender absichtlich oder unabsichtlich wichtige System-Dateien löscht oder verändert. UNIX verwendet daher ein **hierarchisches Benutzerkonzept**, daß die Benutzung von Dateien und Programmen regelt. Sie als „normaler Anwender", unter UNIX schlicht „user", sollen in Ihrem HOME-Directory die notwendigen Arbeiten erledigen und haben z.B. im ROOT-Directory nichts zu suchen. So dürfen Sie sich zwar umsehen, ändern oder löschen können Sie indes dort nichts. Auch anderen Usern dürfen Sie nicht in die Karten schauen, wenn diese es nicht ausdrücklich erlauben.

Lediglich der Manager des Gesamtsystems, in Anlehnung an einen amerikanische Comic-Helden „Super-User" genannt, hat Zugang zu allen Dateien und Verzeichnissen. Er bestimmt, welche Zugriffsmöglichkeiten Sie auf bestimmte Programme oder Dateien haben, ändert bei Bedarf Ihr Zugangs-Paßwort, löscht seiner Ansicht nach überflüssige Dateien etc.. Der Super-User kontrolliert also das Gesamtsystem — er allein darf auch das System abschalten.

Daneben gibt es noch den System-Administrator, der vor allem die angeschlossenen Geräte wie Drucker, Terminals und externe Speicher verwaltet. Zusätzliche oder andere Drucker zu installieren, einen neuen Benutzer einzutragen, Kommunikationsmöglichkeiten etwa für ein Netzwerk zu realisieren, das kann zu seinen Aufgaben gehören.

Damit eng verbunden ist natürlich auch das Konzept des **Zugriffschutzes.** UNIX bietet dazu ein sehr flexibles System, das auf Paßwörtern und Dateisperren basiert. Jeder User erhält ein eigenes Paßwort, das ihm Zutritt zum System und in sein Home-Directory gewährt. Vor Arbeitsaufnahme an einem Gerät muß sich jeder User mit seinem Paßwort anmelden. Bei einer fehlerhaften Paßworteingabe ist keine Arbeit möglich. Vergißt ein Anwender sein Paßwort, so kann ihm vom Super-User ein neues zugeteilt werden. Vergißt der Super-User sein Paßwort, so muß das gesamte System neu installiert werden!! Filme, in denen Computer-Paßwörter aus Geburtsdaten, Kindesnamen oder Lieblingsbeschäftigungen bestehen sind nicht so weit von der Realität entfernt, wie man glauben mag.

Für Dateizugriffe kennt UNIX eine Dreigliederung.

❶ Derjenige, der die Datei angelegt hat, ist der Besitzer (**owner**) dieser Datei.

❷ Er gehört häufig zu einer Gruppe von Usern (**group**), die z.B. in einer Abteilung oder an einem gemeinsamen Projekt zusammenarbeiten müssen.

❸ Schließlich gibt es alle anderen Benutzer im System (**others**).

Zugriffe für die Gruppe oder alle anderen können nun vom Eigner der Datei flexibel und für jede Datei gesondert vergeben werden. Dabei ist es möglich, eine Datei vor dem Lesen oder vor dem Ändern bzw. Löschen zu schützen. Auch komplette Verzeichnisse und deren Inhalt können beliebig vor unerwünschtem Zugriff bewahrt werden, ausgenommen ist hiervon allerdings der Super-User.

Die Zugriffordnung nach Gruppen weist bereits auf ein weiteres wesentliches UNIX-Konzept hin — die **Kommunikation**. In einem Multi-User-System ist es wichtig, daß Daten- und Nachrichten-Austausch auch von Computer zu Computer möglich ist. Hierzu bietet UNIX zwei Möglichkeiten. Mit **mail** steht eine elektronische Post zur Verfügung, die für jeden einzelnen User geführt wird, d.h. jeder Benutzer hat seinen eigenen „Briefkasten". Durch einfache Kommandos können Nachrichten oder komplette Dateien über diese Post anderen Benutzern zugänglich gemacht werden.

Daneben können Nachrichten auf andere Computer-Bildschirme auch direkt ausgegeben werden. Der Angesprochene kann dann entscheiden, ob er antworten möchte oder nicht. Entschließt er sich zu einer Antwort, so kann ein direkter Dialog per Computer geführt werden. Ein sehr leistungsfähiges Dienstprogramm zur internationalen Datenfernkommunikation über verschiedene UNIX-Systeme steht ebenfalls zur Verfügung (uucp). Je nach Art und Reichweite der Verbindung können damit auch Daten zwischen Deutschland und den USA ausgetauscht werden.

Hintergrundprozesse sind für dieses Betriebssystem ebenfalls charakteristisch. Zeitaufwendige Verarbeitungschritte wie das Drucken von Texten oder das Übersetzen von Programmen in den Maschinencode können durch einen einfachen Kommando-Zusatz als Hintergrundverarbeitung abgewickelt werden. Damit steht Ihnen in der Zwischenzeit der Bildschirm direkt wieder zur Weiterarbeit zur Verfügung.

Anwender wissen schließlich vor allem zu schätzen, daß der Kommando-Interpreter unter UNIX ausgetauscht werden kann. MS-DOS kennt hier lediglich

COMMAND.COM — unter UNIX gibt es verschiedene SHELLS, die die Verbindung zwischen Anwender und Betriebssystem-Kern bzw. der Hardware herstellen. Die bekannteste Shell wird nach ihrem Entwickler BOURNE-Shell genannt. Sie ist auf allen UNIX- oder XENIX-Systemen verfügbar und an ihrem Prompt

☞ $

zu erkennen. Eingefleischte C-Programmierer unter UNIX benutzen in der Regel die C-Shell, deren Bedienung den in der Programmiersprache C zu findenden Regeln entspricht. Sie gilt als etwas leistungsfähiger als die BOURNE-Shell. Daneben sind die Korn-Shell (Mischung zwischen BOURNE und C) und die Visual Shell (vsh —ermöglicht ähnlich dem Presentation Manager Befehlseingaben über eine Benutzeroberfläche) noch zu erwähnen.

Die Shell ist voll programmierbar. Die Leistungsfähigkeit der Programmiersprache ist hier der unter MS-DOS weit überlegen, denn auch logische Konstruktionen wie Programmwiederholungen und Mehrfach-Abfragen sind hier möglich. In der Programmiersprache der Shell geschriebene Programme werden Shell-Skripte genannt — dies entpricht in etwa den Batch-Dateien unter MS-DOS.

Auf der Grundlage dieser Leistungsmerkmale sind die UNIX-Perspektiven für die 90er-Jahre trotz OS/2 als günstig zu beurteilen. Derzeit wird eifrig daran gearbeitet, die geschilderten UNIX-Altertümer zu überwinden und dem Anwender mit grafischer Benutzeroberfläche, einer Vielzahl leicht bedienbarer und sehr leistungsstarker Anwendungsprogramme und der immer schneller erfolgenden Einbindung neuer PC-Standards wie Maus oder VGA-Grafik eine akzeptable Alternative zu MS-DOS oder OS/2 zu liefern.

Vergleich MS-DOS — OS/2 — UNIX

BESCHREIBUNG	DOS	OS/2	UNIX
Inhaltsverzeichnis anzeigen lassen	dir	dir	ls -l
Datei-Inhalt anzeigen lassen	type	type	cat
Datei kopieren	copy	copy	cp
Datei löschen	del	del	rm
Datei umbenennen	rename	rename	mv
Datei vergleichen	comp	comp	cmp
Vorhandensein einer Datei in unbekanntem Verzeichnis ermitteln	-	-	find
Verzeichnis anlegen	md	md	mkdir
Verzeichnis wechseln	cd	cd	cd
Verzeichnis löschen	rd	rd	rmdir
Datei in anderes Verzeichnis verschieben	-	-	mv
Datei vor Löschen schützen	attrib +r	attrib +r	chmod
Dateizugriff festlegen	-	-	chmod
Hintergrundprozeß starten	-	detach	&
Online-Hilfe anfordern	-	help	man

Lernkontrollfragen

1.

Nennen Sie je ein Beispiel für ein

Single-Tasking / Single-User Betriebssystem

✍ ______________________________

Multi-Tasking / Single-User Betriebssystem

✍ ______________________________

Multi-Tasking / Multi-User Betriebssystem

✍ ______________________________

2.

Was ist die maximale Größe eines Arbeitsspeichers, der

✍ (1) unter MS-DOS ______________________

✍ (2) unter OS/2 ______________________

angesprochen werden kann?

3.

Wer oder was ist

der Session-Manager?

✍ ______________________________

der Presentation-Manager?

✍ ______________________________

4.

Was bedeutet SQL?

✍ ____________________

5.

Was wird mit der „Kompatibilitäts-Box" von OS/2 gewährleistet?

✍ ____________________

6.

Nennen Sie zwei Mikroprozessoren, die Multi-Tasking-fähig sind.

✍ ____________________

7.

Nennen Sie zwei UNIX-Versionen, die auf PCs laufen.

✍ ____________________

8.

Was ist eine Shell? Mit welcher Shell arbeiten wir unter MS-DOS?

✍ ____________________